建築の視点で見る

相続と土地の分割・活用

一般社団法人不動産総合戦略協会理事長／
旭化成不動産レジデンスマンション建替え研究所特任研究員 　大木　祐悟
司法書士・一級建築士　小林　佳苗

LOGICA
ロギカ書房

はじめに

　近年、「所有者不明土地」が大きな社会問題となり、この点に対応するための法改正などもされています。実際に筆者が直接聞いた話の中でも、相続が重なった結果、40人で小さな不動産を共有していたものがありました。

　以上の話は極端なものかもしれませんが、不動産コンサルティングの依頼の中で「共有関係の解消」についての相談を受けることは少なくありません。また、そもそも土地が共有となっている理由をヒアリングすると、その多くは相続の際に「共有」を選択したことによります。

　ところで、土地を共有することを「共憂」と揶揄する人がいますが、現実には共有することそのものが問題であるわけではありません。たとえば、夫婦と子供が一人という家族関係で、土地所有者が逝去されたときにその人物の配偶者と子供の2人が相続により土地を共有していても、分割が問題になるようなケースはほとんどないはずです。

　一方で、将来的に共有物分割が必要となるようなときに、「とりあえず共有」で相続をすることは、問題の先送りになる可能性が高くなります。

　さて、相続人が複数いるときで、いずれ土地を分割しなければいけないことが想定される場合には、予め土地を分割相続すべきであることは理解したとして、それでは土地を機械的に分割すればよいのでしょうか。同じことは共有地の分割でも考えなければいけない問題でもあります。

　結論から言えば、機械的に土地を分割すると「2÷2＜1」となってしまう可能性があります。その理由は、特に都市部の土地については、「その土地上に建築可能な建物によって、評価が大きく変わる可能性がある」ためです。

筆者は、土地を有効に分割するためには、建築の知識と不動産実務のノウハウが必要であると考えています。本書では、これらについて基本的な内容を示したうえで、事例の紹介もさせていただきます。

　不動産の活用の専門家はもとより、弁護士さん、あるいは税理士さんなども、遺産分割や共有物分割の相談を受けることが多いと思いますが、このようなときも本書の内容は参考になると思います。

　本書の内容を理解していただいたうえで、$2 \div 2 \geqq 1$ となる土地分割が広がることを期待したいと思います。

　最後になりますが、ロギカ書房の橋詰守さんには、本書の企画当初から様々な助言をいただきました。この場を借りてお礼を申し上げます。

2024年5月

大木　祐悟

小林　佳苗

目次

第３章
分割についての基本的な考え方

第4章
土地分割の検討に必要な建築の視点

目次

第5章
事例で土地分割を考える

目次

※本書は、令和6年4月30日現在の法令等に依拠しています。

第1章　建築の視点で考える
　　　　土地分割の実務

1．はじめに

1）土地分割が必要となるとき

　不動産コンサルティングにかかる業務に携わっていると、いろいろな場面で「土地の分割」についての相談を受けることがあります。中でも次のようなケースでは、土地分割に係る知見が必要となることが多いのではないでしょうか。

> ⅰ．まとまった広さの土地の分割活用を考えるとき
> ⅱ．遺産分割対策を考えるとき
> ⅲ．共有物分割を考えるとき
> ⅳ．その他

　このうち、「ある程度まとまった広さの土地の活用を考えるとき」とは、広い一団の土地について、土地全体を一括して活用するのではなく、何らかの理由で分割して活用を考えるケースを意味します。たとえば、一括して活用すると多額の資金が必要となるとき、あるいは、すでに活用されている土地のなかで一部の既存建物の建替え等をするような場合（2．事例1参照）が該当します。このようなときには、「土地の分割」の検討が必要となります。

　次に「共有物分割」ですが、何らかの事情で土地の共有者が共有関係の解消を希望するような場面で受ける相談事項となります。多くの場合は、共有で土地を相続してから一定の時間が経過した後に出てくる問題といえ

るでしょう[1]。

　その意味では、後日、共有物分割で悩むことがないように、「遺産分割対策」を予め考えておくことはとても重要です。なお、遺産分割対策を考えるときは、土地分割や税金問題等以外に留意すべきことがあります。それは、将来的に財産を承継する側（子供や孫等）にもその内容を理解させておくことです。

　現実に、先代が遺産分割対策まで考えていたものの、子供にその考え方が伝わっていなかったために、複数の土地を共有（持分割合もすべて同じ）で相続をしてしまい、後日共有物分割で悩むことになった事例もあります。「相続対策は家族で考える必要がある」という話を聞くことがありますが、計画をする側の意図が十分に伝わらないと、そうしたことが起きる可能性も高いのではないでしょうか。

2）土地分割を考える際に留意すべき視点

　ところで、<u>土地の分割を考えるときには、「建築の視点」と「不動産実務の視点」の2つの面から考えることが重要</u>です。「土地上にどのような建物を建てることができるか」により土地の価値は大きく変わりますし、そもそも土地の利用方法や最有効の建物についての判断については不動産実務の視点が不可欠だからです。

　逆の言い方をすると、これらの視点を無視して土地を分割すると土地の価値を毀損する可能性もあります。

　すなわち、<u>土地を2分割するときに2÷2＜1となる場面もある</u>ことを、理解しておかなければなりません。

1　筆者が受けた相談の中で、赤の他人が土地を共有している事例が一例だけありました。もっともこの事例も、土地所有者の先代が友人だったものの、相続後は相続人間で全く交流がなかったケースでしたので、全くの赤の他人ということでもありませんでした。ちなみに、この相談事例も、「次の代に移行する前に、共有関係を解消したい」という事例でした。

この点についてもう少し考えてみましょう。

①　建築の視点が必要な理由

　土地分割の検討に際して「建築の視点」が必要な理由ですが、**都市部においては、「土地上にどのような建物を建てることができるか」により、土地の価値が大きく変わる**ことがあるためです。たとえば「建築基準法」で、土地は道路に2m以上接していないと建物を建築することができない旨が規定されています（建築基準法43条1項）。

　古家付の不動産取引の場面で「再建築不可」という注意書きがされた物件を見ることがありますが、これらの多くはこの接道要件を満たしていないケースと思われます。このような物件では、既存の建物の改築しかできないため、その建物が朽廃したとき、あるいは災害等で既存建物が倒壊してしまうと、再建築をすることができなくなってしまいます。

　また、建築基準法上は、道路に2m以上接していれば建物の建築は可能（第4章2．2）参照）とされていますが、たとえば「路地状敷地」で接道しているようなケースでは、条例で路地部分の幅員を2m以上にする旨を指定していることもあります（第4章2．10）参照）。最近はインターネット等で様々な情報を得ることが可能となっているので、予め調べ

図表1-1　道路に2m以上接していないと建築できない（平面図）

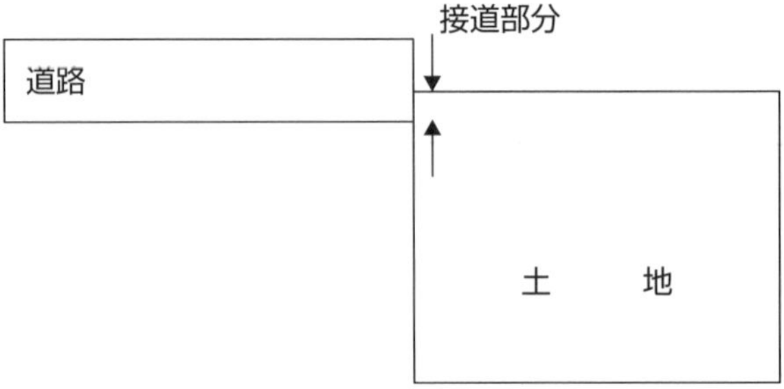

る内容が決まっていることの意味を検索することは容易ですが、知らない
ことを調べることはかなりハードルが高い作業ではないでしょうか。

　その意味では、土地の分割の検討に際しては、本書の内容などをベース
にして考えていただけると課題も発見しやすいと思います。

②　不動産実務の視点が必要な理由

　一昔前までは、特に都市部の土地の活用をするときは、容積率を最大限
活かす計画が好まれる傾向がありました。たとえば、土地面積が300m²で
容積率が400％の土地であれば、容積対象延床面積1,200m²（＝300m²×
400％）の建物を建築することが土地の最有効利用であると考えられてい
ました。

　もちろん、大都市の中心部等、人気のある立地であればこの公式は今で
も成り立ちますが、郊外部あるいは地方都市などでは中心部に近い立地で
も容積率の消化が最有効利用ではなくなっていることも増えています。

　また、空き家が社会問題化しつつある昨今においては、仮に建物を建築
するときでも、長期間にわたり市場価値が維持できる計画となっているか
否かの検討も不可欠となります。

　さらに、「土地の分割の手続き」や、「分割後の土地におけるインフラの
整備状況」等もチェックすべき事項となります。

　その意味では、不動産実務の視点で土地を考えることはとても重要です。

　次に、前述の i から iii について、事例なども見ながらもう少し深掘りし
てみましょう。

2．まとまった広さの土地の分割活用を考えるとき

　500m²、あるいは1,000m²規模の土地の活用を検討する場面では、土地

全体を使って大きな建物を建築することもありますが、あえて分割利用をすることもあります。まとまった広さの土地について、分割利用を考えるときの主たる理由は4つあります。

> ⅰ．特に建築を伴う計画のときは総額が大きくなってしまうこと
> ⅱ．将来的に遺産分割や共有物分割を考えているとき
> ⅲ．中長期的に土地の一部処分を考えているとき
> ⅳ．既存で敷地内に数棟の建物があり、その一部の建替えを考えているとき

　まず、ⅰについてですが、たとえば土地面積1,000m²で容積率が200％だとすると、延床面積2,000m²（＝1,000m²×200％）の建物を建築することが可能ですが、仮に建築費が300千円/m²だとすると600,000千円、400千円/m²だとすると800,000千円の初期投資が必要となります。計画上の収益性が良くても、投資額がこのくらいのレベルになると、建築に二の足を踏む人がいてもおかしくないでしょう。
　ⅱについては別のところで考えるとして、ⅲは、次のような場面で必要な考え方となります。

　A．借入金で建築をするような場面で、万が一の場合に備え土地を一部売却できるようにしておくこと
　B．相続発生時に相続税を納税するために処分できる土地を残しておくこと

　最後にⅳですが、まとまった土地を所有していて、土地内で数棟の貸家

等が建っているときで、その中の特定の棟を老朽化等の原因により建替え
をするケースが典型です。

　なお、まとまった規模の土地内で一定の時間をおいて数棟の建物を建築
するような場合には、将来的に土地内にすべての建物が立ち並んだときの
青写真を作っておき、その青写真に沿って建物を建てていくことをお勧め
しています。もちろん、時間の経過とともにマイナーチェンジが必要とな
ることもあると思いますが、最初に全体像を作って計画をしておけば、最
終的に建物がすべて建ち並んだときには優れた街並みを形成することが可
能となるはずです。

事例1：賃貸住宅の一部建替えの相談を受けたケース

　首都圏まで30分以内かつ、駅から徒歩7分ほどの好立地で2,000m²ほど
の土地（一種中高層、60％/200％）を所有している人物から、敷地内に建っ
ている賃貸住宅Aが老朽化したので建替えの計画について相談を受けた
ケースです（図表1-2）。

　なお、賃貸住宅Bは10〜15年後に建替えを検討するという意向を持っ
ていました（賃貸住宅A・Bはともに2階建て）。また、計画地は三方向
が道路に接していましたが、角地の一部は他人の所有地となっています。

　この土地の活用に際して、次のような考え方があります。

①　まとまった規模の土地であるため「一体利用」をするほうが効率的
　　である

　　　そこで、10〜15年後に建替えを進める賃貸住宅Bも含めて計画を
　　する意向の有無を確認しましたが、「まだ利用できる建物を解体する
　　ことは環境にも良くない」という信念をお持ちであったため、その方
　　向での選択肢はなくなりました。

②　既存駐車場と併せて土地の最有効利用の提案をする

図表1-2 （平面図）

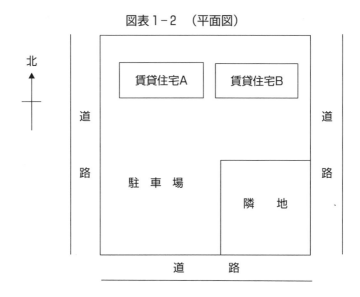

　すなわち、賃貸住宅Aの敷地に駐車場だった土地の一部を併せて、3階建ての賃貸住宅を建築することが「最有効利用」だという提案です（図表1-3）。

　しかしながら、この提案には難点もあります。

　賃貸住宅Bは、従来は西南側からも日照があったのですが、この場所に3階建ての賃貸住宅を建築すると、この方向からの日当たりは期待できなくなりますし、この建物からの視線も気になります。賃貸住宅Bはこれから築年数が経過するなかで、上述のようなことで立地上の競争力を失うと、賃料の下落や空室率の増加も考えられることを考えると、土地全体を考えたときの最適な計画ではないように思われます。

③　土地全体の活用の青写真を考えながら提案

　用途地域と賃貸住宅立地としての競争力を考えると、既存建物を3

図表1-3　（平面図）

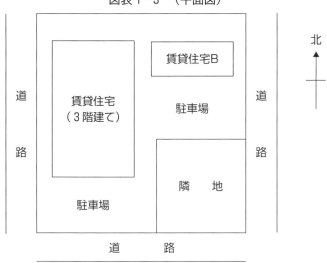

階建てとする提案は悪くありません。ただし、賃貸住宅Ｂの今後の競争力を考えると、日照や通風等の環境を大きく変えないレベルで対応すべきだと思います。

　また、立地から計画はファミリー向けの間取りになるので、計画する建物も「南向き」のほうが賃料も高く設定できるはずです。そうした意味で、図表1-4の提案をしました。

　なお、土地所有者にヒアリングをしたところ、子供が２人いて、別の土地にある住まいは２人のうちの１人に相続させる意向であることがわかりましたが、他の１人の住宅のことは考えていない様子でした。土地は自宅が建っている土地とこの計画地の２か所だけであることを考えると、将来、もう１人の子供がこの土地上に住宅を建築する可能性もあると考えておくべきではないかと思われました。

　既存の賃貸住宅Ａの土地に駐車場の土地を一部含めて３階建ての

図表1-4　（平面図）

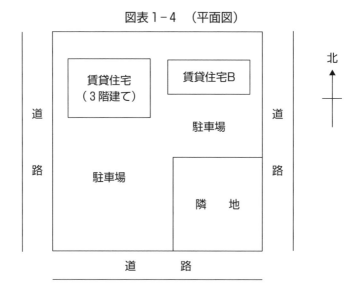

賃貸住宅（南向き）を建築し、残りは駐車場としておくとする案ですが、10〜15年後の賃貸住宅Bの建替えのときの土地全体の活用のイメージも考えたものも併せて提案しています。

　こうしたまとまった大きさの土地の活用を考えるときは、建物の配置や外構計画を含めて統一的な計画とすることで、建物の競争力も増すはずです。もちろん、最初から一体の活用をするときはこうしたことにも留意した提案をしているはずですが、分割した計画を考えるときは、「その計画についての最有効利用」の提案をすることが多くなりがちですが、このような部分最適に過ぎない計画は、結果として土地全体の最有効利用を阻害してしまうこともあります。

　「全体最適」は、土地の活用を考えるうえでも重要な指標となることは忘れないでいたいものです。

事例2：行き過ぎた相続対策の提案を受けたケース

　東京都心部から電車で一時間ほどの場所で、駅から徒歩15分圏の立地で2,000m²ほどの土地（路線価は8万円/m²でした）に屋敷を構えている人物から、次のような相談を受けたことがあります。

　ある建設会社の担当者から、「居宅の敷地が広いので、このままだと相続が発生したときには税金がかかる」と言われたので、その建築会社に対策を依頼したそうです。そこで、2億円を借り入れて敷地の空いた部分に賃貸住宅を建築する提案を受けているそうですが、借入金の額も大きいのでセカンドオピニオンを求めてきたとのことでした。

　ちなみに、この人物ですが土地所有者であるご主人は50代半ばで、ご家族は奥様と子供が1人、その他財産はほとんどないということでしたが、建設会社の提案書では次のような計算式で概算相続税（土地以外の資産は

図表1-5　相談時の状況（平面図）

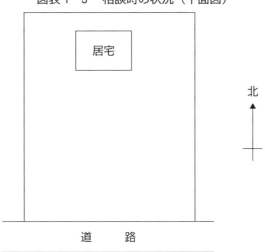

考慮に入れていません）を示していました。

土地更地価格	16,000万円
小規模宅地評価減	2,112万円
課税価格	13,888万円
基礎控除	4,200万円
課税遺産総額	9,688万円
1人当たり相続分	4,844万円
相続分に係る税額	769万円

　地価はそれほど高くないものの土地面積が広いことで相続税が発生する典型的な事案ですが、概算相続税額は約770万円です。ちなみに、この場所で2億円の借入金により賃貸住宅(固定資産税評価額を1億円とします)を建設すると、相続税は0になるという計算もされていました（なお、自宅用の土地を330m²とし残りの1,670m²を賃貸住宅用土地に充当するものとしています。また借地権割合は40％地区でした）。

土地更地価格	16,000万円
小規模宅地評価減	2,112万円
貸家建付け地評価減	1,603万円
建物評価額	7,000万円
債務残高	20,000万円
課税価格	−715万円

　以上の計算では、資産の合計（土地更地価格から小規模宅地評価減と貸家建付け地評価減を控除した土地価格＋建物評価額から債務残高を差し引

いて計算をしています）がマイナスになるので、他に財産がなければ結果として相続税も0になります。

　この計算式そのものは間違っていませんが、この提案について感じた課題を2つほど挙げます。

　第一は、「債務残高」の考え方です。アパートを借入金で建築すると、借入金の残高（＝債務残高）と建物の評価額の差額分を他の資産評価から控除することができます。たとえば、この計算では2億円の借入金の残高に対して、建物の評価額は7,000万円（建物の固定資産税評価額の想定額1億円から、借家権割合（30%）を控除した残額）ですから、1.3億円（＝2億円−7,000万円）相当額を他の資産評価から差し引くことができることになります。

　ところで、借入金を返済すると債務残高は年々減少します。この事業では、土地所有者のご主人は50代半ばですが、借入金の返済期間は30年でしたので、男性の平均寿命を考えると相続が発生するころには債務残高はほとんどなくなっていることも考えられます。このようなことを考えると、「2億円の債務残高がある」ことを前提とした計算には問題があるのではないでしょうか。

　第二は、収益性が低いことです。実際に収支計算書を見せてもらったところ、2億円の借入れに対して年間の想定収入は150万円強に過ぎないレベルでした。ところで、収支計算書を精査してみると想定家賃は相場と思われましたが、「空室率」は0とされていたほか、修繕費も計上されていませんでした。

　郊外立地のファミリータイプの賃貸住宅であるにもかかわらず、東向きの建物で空室率を考慮しない経営計画にはそもそも問題があるほか、借入金の返済が終わるまでの間に修繕をしないで済むはずがありません。すな

わち、これらの点を考慮に入れると、実質的な収益性は限りなく「0」に近くなることも考えられます。

　以上の理由から、この計画は進めるべきではない旨を提案いたしました。そのうえで、仮に相続税が心配であれば、土地を一部売却することが可能な準備をしておけば十分である旨も付言しておきました。

　なお、この広さの土地で集合住宅を新たに建築するときは、開発許可が必要と思われます。道路をいれるようなものではないものの、開発許可を得るためには費用も掛かりますし時間も必要となるのですが、そうした説明を建設会社の担当者は一切していなかったようです。

3．遺産分割対策について

1）相続対策の基本的な考え方

　不動産の有効活用にかかるコンサルティングをしていると、事業を進める中で個人が直面するいろいろな問題に遭遇しますが、中でも「土地が絡んだ相続」（本書では、以下「土地相続」といいます）に関する相談は主たる事項の1つとなっています。

　ところで、相続対策を考えるときは次の3つの視点があるといわれています。

ⅰ．税効果対策（節税対策）

ⅱ．納税対策

ⅲ．遺産分割対策

　特に財産が一定以上ある人は、この３つのバランスが取れた対策を検討することが不可欠であるとされていますが、以前はこのなかで、税効果対策を考えることが「相続対策」とみなされていたこともあります。資産家にとって税金は大きな問題であることは間違いありませんが、特にまとまった財産を所有しているときには、他の点も考えた対策を検討しておかないと後日、様々な問題が発生することも少なくありません。

　たとえば、一定以上の財産を有するときは、税効果対策で相続税の負担を軽減することが可能になったとしても一定の納税が必要となります。金融財産で納税が可能な状況であれば良いのですが、土地を一部処分して納税することが必要なケースでは、予めその準備も必要なことがあります。

　そのほか、複数の相続人がいるときは「遺産分割」を踏まえた検討をすることが不可欠です。しかしながら、この視点が欠如していることで、結果として土地を相続人の共有で相続してしまって、後日、共有物分割で悩む人も少なくありません。

　筆者は、税効果対策を否定するつもりはありませんが、前述のように資産状況や家族状況を鑑みたうえで、バランスの良い対策を検討すべきであると思っています。

２）土地相続対策として土地の活用を考える際の留意点

　ところで、「相続対策で土地の活用」を考えるときには、このⅰ〜ⅲの３つの視点に加えて、前提とすべき事項が少なくとも２つあると筆者は考えています。第一は、１．で述べた「建築と不動産実務の視点」であり、第二は「経営の視点」です。

○「経営の視点」とは

　では、「経営の視点」とはどのようなことでしょうか。

　土地の相続に際して、経営の視点が必要だといわれると、驚く人もいるかもしれません。この点について考えてみましょう。

　たとえば、先ほど検討した「建築の視点」でも述べたように、土地を所有していると固定資産税等の負担は必要となりますし、土地上に建物を所有していると、建物の維持費も必要となります。また、仮に土地や建物を購入するときにローンを組んだ場合、ローンの返済も不可欠となります。

　そのため、土地や建物を維持するには一定の収入が必要となるわけですが、この点については「キャッシュフロー」を適正に見ることが不可欠です。

　仮に土地上に賃貸住宅を借入金で建てるようなことになると、家賃収入がある一方で、借入金の返済や固定資産税等は支出になり、その差額が「手取収入」になりますが、土地・建物を自宅として利用しているときは、税金や維持費の支出がある一方で、自宅である土地・建物からは収益はないので、他の収入から税金や維持費をまかなうことになります。

　先ほど事例2で挙げたケースでは、郊外部で賃貸住宅の家賃が高くない

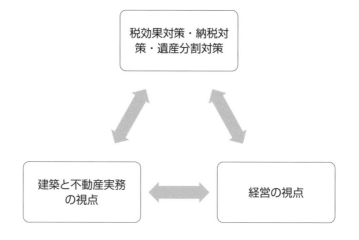

図表1-6　借入金で賃貸住宅を建築したときのキャッシュフロー

賃料収入	借入金の返済
	公租公課
	諸経費
	手取り

一定の手取り収入の確保は事業の基本です

図表1-7　賃貸住宅に係る資産のバランス

土地建物の市場価格	借入金の残高
	純資産

経営の安定性の観点から考えると、借入金の残高は少ないほどよくなります

立地において、建物の空室率、修繕費の積立ておよび土地の税負担などを考慮すると収支が著しく悪化してしまうことが大きな問題でした。

　また、企業会計においては損益計算書とともに、貸借対照表は主要な財務諸表となりますが、土地活用について考えるときも、貸借対照表をベースにして、資産のバランスをチェックすることも重要だと思います。特に借入金で賃貸住宅を建築するようなときは、「資産」は土地建物の想定売却額として借入とのバランスを考えることは不可欠ではないかと思います。

　なお、土地建物の想定売却価格は周辺の不動産の相場のほか、貸付け用

不動産の場合には、近隣のキャップレートをベースにして計算することも可能です。

4．共有物分割

　民法における共有について考えてみましょう。**共有者の持分価格の過半数で共有物の管理**をすることができます（民法252条）が**共有物の変更は共有者全員の同意が必要**とされています（民法251条）。

民法251条（共有物の変更）

> 　各共有者は、他の共有者の同意を得なければ、共有物に変更（その形状又は効用の著しい変更を伴わないものを除く。次項において同じ。）を加えることができない。
> 2　共有者が他の共有者を知ることができず、又はその所在を知ることができないときは、裁判所は、共有者の請求により、当該他の共有者以外の他の共有者の同意を得て共有物に変更を加えることができる旨の裁判をすることができる。

　これまでは、共有者の中に所在等不明共有者がいる場合、その共有者の同意を得ることができないため、利用に関する共有者間の意思決定や持分の集約が困難となるという問題がありました。

　そこで、近年民法が改正され、共有物の利用や共有関係の解消が以前より容易になりました。

　ただし、法改正後も原則として共有物の変更には共有者全員の同意が必要となりますし、共有物の管理にも持分価格の過半数の賛成を得ることで対応しなければなりません。

　なお、民法252条の規定は次のとおりです。

民法252条（共有物の管理）

> 　共有物の管理に関する事項（次条第一項に規定する共有物の管理者の選任及び解任を含み、共有物に前条第一項に規定する変更を加えるものを除く。次項において同じ。）は、各共有者の持分の価格に従い、その過半数で決する。共有物を使用する共有者があるときも、同様とする。
> 2　裁判所は、次の各号に掲げるときは、当該各号に規定する他の共有者以外の共有者の請求により、当該他の共有者以外の共有者の持分の価格に従い、その過半数で共有物の管理に関する事項を決することができる旨の裁判をすることができる。
> 　一　共有者が他の共有者を知ることができず、又はその所在を知ることができないとき。
> 　二　共有者が他の共有者に対し相当の期間を定めて共有物の管理に関する事項を決することについて賛否を明らかにすべき旨を催告した場合において、当該他の共有者がその期間内に賛否を明らかにしないとき。
> 3　前二項の規定による決定が、共有者間の決定に基づいて共有物を使用する共有者に特別の影響を及ぼすべきときは、その承諾を得なければならない。
> 4　共有者は、前三項の規定により、共有物に、次の各号に掲げる賃借権その他の使用及び収益を目的とする権利（以下この項において「賃借権等」という。）であって、当該各号に定める期間を超えないものを設定することができる。
> 　一　樹木の栽植又は伐採を目的とする山林の賃借権等　十年
> 　二　前号に掲げる賃借権等以外の土地の賃借権等　五年
> 　三　建物の賃借権等　三年
> 　四　動産の賃借権等　六箇月
> 5　各共有者は、前各項の規定にかかわらず、保存行為をすることができる。

　ところで、複数者で土地を共有することになった原因について考えてみましょう。筆者が受けた相談のなかでは、土地を購入するときに夫婦や親子が共同でお金を出し合った場合のほか、相続人が共有状態で相続していることが主たる理由と思われます。すなわち、先代からの相続に際して土地を共有していることが少なくない状況です。
　この件について、相続の時点で土地が1つしかないときは、仮に土地の分割は十分に可能な状態であっても、分割で必要とされる手間を避けるた

めに「とりあえず共有で相続する」という選択肢をとることもやむを得ないことであることは理解できます。しかしながら、たとえば被相続人が複数の土地を有していて、それぞれの土地を各相続人が単独で相続しても問題なく遺産分割協議を進められる状態であっても、すべての土地を共有で相続しているケースも散見されます。

　いずれにしても、**相続発生からしばらくの間は土地を共有していても特段の問題がないときでも、時間が経過すると共有状態であることによる課題が明らかになることは少なくありません。**この件について、筆者らが相談を受ける事項として、次のようなものがあります。

> ⅰ．先代から相続した土地に実家が建っていて、兄弟姉妹の中の1人が実家だった家にそのまま住み続けている。その者は相続による恩恵を享受しているが、他の共有者には何のメリットもないので不満がたまっている
> ⅱ．共有者の一部に資金が必要な事情が生じたため、自分の持分に相当する土地を売却したいという強い要望がでてきている
> ⅲ．共有地を活用したい

　以上のような理由のほか、最近は、「次の代に相続をするまえに、共有関係を解消したい」という相談を受けることも多くなりました。少し前に話題になった「所有者不明土地」問題の中で、明治時代に相続が発生した土地について遺産分割もせずに当時の登記名義のままでいたところ、相続人が100人を超えるような状況となっていたという話を聞くこともありましたが、兄弟姉妹で土地を共有したままで相続が続くと、こうした問題も出てくるので、「自分たちの代で共有関係を解消したい」と考える人も増

えてきているのでしょう（なお、民法改正により、相続登記が義務化され
たので、今後は数十人で不動産を共有する事案は減ることになるでしょ
う）。

コラム：共有不動産を共有者の１人が利用しているとき

　親から相続した居宅と土地を兄弟２人で相続したものの、長男家族が
その居宅に居住していることは少なくないと思われます。このような
ときは、居宅を利用していない共有者である次男が、長男に対して、不当
利得の返還、あるいは損害賠償の請求をすることが可能であることは判
例で明確になっていますが、2021年の民法改正により、法律においても
明文化されました。

　このようなこと考えると、今後は、このようなケースについても共有
物分割の検討が増えるのではないでしょうか。

第2章　土地の分割を考える際の留意点

1. 基本的な考え方

1) 分割を考える時点と場面

　前章でも述べたように、土地の分割を検討することについてはいくつかの場面が考えられますが、これをまとめると「新規に分割を考える場合」と「共有関係の解消」の2つに分けて考えることができます。

図表2-1

分割を考える時点	分割を考える場面
新規に分割を考える場合	・まとまった規模の土地の分割利用 ・遺産分割対策の検討
共有関係の解消	・共有物分割

　このうち、新規に分割を考えるときは、これまで述べてきたように「建築と不動産実務の視点」や「経営の視点」等から最適な分割を考えればよいと思います。一方で共有物分割を進めるときは、このほかにも考慮しなければいけないことがあります。

　そこで、まずは分割を考えるときの基本的な手法について考えたうえで、共有関係の解消を進めるときに留意すべき事項について述べます。

2) 土地の分割を考えるときに注意すべき事項

　上記いずれの場合においても、土地の分割を考える際に留意すべき基本的な事項について考えてみましょう。具体的には以下で示すような点を挙げることができます。

　ⅰ．分割する土地それぞれの評価
　ⅱ．インフラ整備の必要性の有無
　ⅲ．土地の測量分筆
　ⅳ．道路後退の必要性
　ⅴ．私道が入るときの留意点

　なお、上記の事項以外に、「建築と不動産実務の視点」から見た留意事項がありますが、これらについては第4章で詳しく説明します。
　以下、ⅰからⅴついて、基本的に留意すべき点について考えてみましょう。

3）分割する土地それぞれの評価

　2）で述べたなかで、分割するそれぞれの土地の評価は無視できない問題です。この点について、以下のようなケースで考えてみましょう。

　図表2-2は南側道路と西側道路に接する土地で、東西方向よりも南北方向に長い形状の土地です。
　さて、この土地を分割するときは、図表2-3のように考えることが普通ですが、分割した結果、「甲」土地は南側と西側の二方向道路に接する土地となる一方で、「乙」土地は西側道路に接するだけの土地となってしまいます。
　土地の価値を考えるとき、「道路付け」は重要な要素の1つとなります。土地に対する道路方向次第で、特に日照の環境は大きく変わってきます。一般的には南側に道路がある土地は、他の方向に道路がある土地と比較すると日照条件は良好になるので評価は高くなりますし、逆に土地の北側が

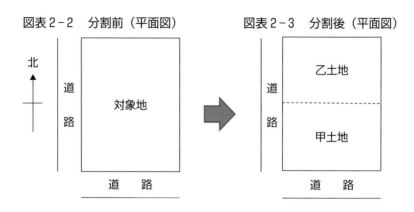

図表2-2 分割前（平面図）

図表2-3 分割後（平面図）

道路であるときは評価が低くなる傾向があります。

以上から接道方向による一般的な評価は次のようになります[2]。

南側道路＞東側道路≧西側道路＞北側道路

すなわち、日照条件がよい南側方向の接道の土地について評価が高く、次は東側道路と西側道路（ケースにもよりますが、東向きの接道が取れている土地のほうが評価は若干高くなることが多いようです）であり、北側道路の評価が最も安くなる傾向があります（もっとも、実務上は「景観」や「周辺の環境」あるいは道路の状況（たとえば、北路道路と南道路の二方向に接している土地で、北側道路は幅員が6mの道路である一方で、南側道路は幅員が狭く車が通れない状況であるとき等）などによっても評価は異なることがあります）。

さらに、「角地」は評価が高くなる傾向があります。たとえば、南側一

---

2 道路付けの評価は、地域ごとの特色もあります。たとえば、日照の厳しさが課題となっているような地区では南道路の評価が低くなることも考えられることに注意が必要です。

方向だけの接道となっているときよりも、南側道路と東側道路、あるいは南側道路と西側道路の二方向で接道している土地のほうが評価も高くなります。

　以上を前提に考えると、図表2-3は、甲土地と乙土地では評価が異なると思われます。そのため、土地を分割するときは単に面積按分で考えるのではなく、相互の土地の評価も考えながら配分する面積についても考える必要があります。

参考1：財産評価基本通達による評価

　このようなときに、専門家のアドバイスを求めるとするならば、相談すべき専門家は不動産鑑定士となるでしょう。そのほか、相続税を計算するときに用いる「財産評価基本通達」の考え方に基づいて評価をすることも1つの選択肢となります。

　もっとも、財産評価基本通達の評価は二方向道路の加算や角地の加算のほか、地形による補正等についても考慮していますが、接道方向による評価差は考慮されないことが多くなっていることには注意が必要です。すなわち、同じ路線価が付されていると、道路の北側の土地（南側道路となります）と道路の南側の土地（北側道路となります）の評価は同じとなるためです（図表2-4）。

　なお、道路によっては、たとえば同じ道路の北側と南側で違う路線価が付されていることもあります。

　次に、複数の道路に接しているときの加算や、地型による補正について簡単に説明します。

　まず、複数の道路に接しているときは、通常の土地よりも評価は高くなります。たとえば、「側方路線」や「二方路線」による加算をすることになりますが、具体的には、主たる道路の路線価にプラスして従たる道路の

図表2-4　（平面図）

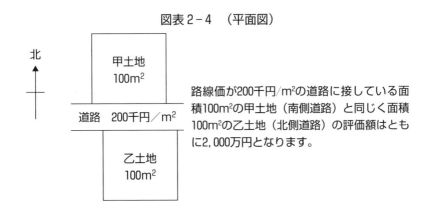

北

甲土地
100m²

道路　200千円／m²

乙土地
100m²

路線価が200千円/m²の道路に接している面積100m²の甲土地（南側道路）と同じく面積100m²の乙土地（北側道路）の評価額はともに2,000万円となります。

路線価に一定の比率を乗じたものを加算して評価を求めます。参考までに、側方路線影響加算率表と二方路線影響加算率表を次頁に示します。

財産評価基本通達による側方路線影響加算率表と二方路線影響加算率表

側方路線影響加算率表

地　区　区　分	加　　算　　率	
	角地の場合	準角地の場合
ビ　ル　街　地　区	0.07	0.03
高度商業地区・繁華街地区	0.10	0.05
普通商業・併用住宅地区	0.08	0.04
普通住宅地区・中小工場地区	0.03	0.02
大工場地区	0.02	0.01

二方路線影響加算率表

地　区　区　分	加　算　率
ビ　ル　街　地　区	0.03
高度商業地区・繁華街地区	0.07
普通商業・併用住宅地区	0.05
普通住宅地区・中小工場地区・大工場地区	0.02

　具体的に角地の評価について、設例で見てみましょう。図表2-5の土地（普通住宅地とします）の場合の評価は次のようになります。

　このケースでは、正面路線価は250千円/㎡、側方路線価は200千円/㎡となります。また、普通住宅地における側方道路加算率は0.03なので評価は次のようになります。

評価額：256千円＝250千円＋200千円×0.03（奥行価格補正率は考慮せず）

　土地を評価するときは、前述のように加算するだけでなく、評価を減額することもあります。たとえば、「不整形地」は整形地と比較すると評価

図表2-5　（平面図）

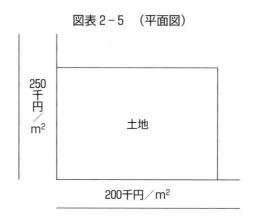

は低くなります。

　財産評価基本通達で示されている補正率には以下のようなものがあります。具体的には、奥行きが長い土地や極端に短い土地は評価が補正されますし、道路間口が狭い土地も補正が必要です。ここでは詳細な説明は省きますが、財産評価基本通達による評価補正については、その土地の特色等は活かされていないものの、公的に公表されている基準ですから、公平性を保つことができる1つの基準と考えてよいでしょう。

　　・奥行価格補正率表
　　・間口狭小補正率表
　　・奥行長大補正率表
　　・不整形地補正率表
　　・がけ地補正率表
　　・地積の大きな土地の補正率
　　・計画道路予定地内の宅地の評価の補正率

　これらの補正は、立地を「ビル街区」、「高度商業地区」、「繁華街地区」、「普通商業・併用住宅地区」、「普通住宅地区」、「中小工場地区」、「大工場地区」に分けて補正率を出しています。すなわち、ビルが建つ立地と、普通住宅地では、土地の面積などの考え方も異なることに注意が必要です。

　たとえば、「奥行価格補正率」とは、通常の土地と比較して奥行きが長すぎるときや短すぎるときに補正をするものです。

　現行の財産評価基本通達において、「普通住宅地区」では奥行きが10m以上24m未満までが標準と考えられています。仮に奥行きが4m未満の土地は標準地の0.9となりますし、4m以上6m未満の土地は標準地の0.92で計算されます。また、奥行きが44m以上48m未満の土地も標準地に0.9を乗じた評価になります。

　これに対して「ビル街地区」では、奥行きは44m以上92m未満が標準であり、奥行きが10m以上12m未満のときは標準地に0.9を乗じて評価を求めることになります。

　また、「普通住宅地区」の間口狭小補正率は、8m以上が標準となっていますが、「ビル街地区」では28m以上が標準となっています。

　以上から、間口30mで奥行きが90m（2,700m²）の土地は、ビル街地区では標準画地となりますが、普通住宅地区では間口狭小補正はないものの、奥行価格補正では0.81ですから評価は低くなります。

　一方で、間口10m×奥行10m（100m²）の土地は、普通住宅地では標準画地となりますが、ビル街地区では奥行価格補正が0.9で間口狭小補正が0.97となるので、標準画地×0.9×0.97の評価となります。

　ここでは個々の補正率表や計算方法は割愛しますが、財産評価基本通達では、それぞれについて補正率表を示しています。前述のような留意点はあるとしても、公的な指標ですから、土地の評価を考えるうえでは参考になると考えてよいでしょう。

参考2：物件の特性の違いも認識することの必要性

　土地の接道方向による評価の違いについては以上のとおりですが、現実にはそれぞれの土地の特性により評価が異なることがあります。たとえば南側に道路があっても、道路の反対側に迷惑施設があるようなときは、評価が上がらないこともあります。

　逆に、北側傾斜の土地で、北側の景観が優れているようなときは、評価は北側で接道しているほうが高くなることも考えられます。

　いずれにしても、基本を理解したうえで土地の価値についての考え方を理解すべきでしょう。

　景観については、たとえば東京都内では「東京タワーが見える」場所などは1つのブランドとなっていますし、そのほか「富士山が見える」ことなども優位性となります。

　そのほか、「海が見える」、「夜景が美しい」等もその場所の売りになることがありますが、これらはその場所に詳しい人物でないと理解できない価値観かもしれません。

4）インフラ整備の必要性の有無

　土地上に建物を建築するときは、単に建物を建築するだけでなく、電気・水道・排水及びガス等が利用できることが必要となります。ところで、分割を検討している土地が「更地」であるときは、そもそもこうした基本的なインフラが整備されていないことがあるので、その場合には**インフラ整備のために一定の費用がかかる**ことを理解しておかなければいけません。

　この場合におけるインフラ整備とは、次のようなものになります。

ⅰ．水道：前面道路の水道の本管から敷地内に水道を引き込むこと

ⅱ．排水：下水道地区の場合は、前面道路の下水管の本管に下水管を
　　　　　接続して敷地内に最終桝を敷設すること

ⅲ．電気：前面道路から電気を引き込むこと
　　　　　地域によって架空引込方式と地中引込方式がある

ⅳ．ガス：都市ガスの区域では、前面道路のガスの本管から敷地内に
　　　　　ガスを引き込むこと

図表2-6　量水器と最終桝の写真

　図表2-6は量水器と下水の最終桝の写真です。この土地は更地ですが、
もともとは建物が建っていた場所だったので、敷地内にインフラの整備が
されている状況でした。

　なお、敷地内にインフラが整備されていないために、新たに水道、排水、ガスなどを引き込むときには、前面道路を掘削して管の引込みや接続をしなければなりません。その際は、掘削した道路の舗装を復旧することも必要となるのですが、その費用負担はかなり重いものとなります。図表2-7は、敷地内に給排水管の引込みがないとき、あるいは引き込んでいる管の交換が必要なときに道路を掘削したときの写真です。

図表2-7　給排水管の引込みをするために道路を掘削
　　　　　して補修をしたあと

　ところで、道路が舗装されたばかりのときは、掘削制限を一定期間設けることもあります。きれいに舗装したばかりの道路が写真のような状態になることは好ましいことではないことがその理由です。

　また、インフラ整備についてはその他に留意すべき事項があります。

　第一に、市区によって新規に建物を建築して水道や下水設備を使うときに、「加入金」もしくは「負担金」名目で費用が必要となることがあります。この場合、特に留意が必要なのは「賃貸住宅」を建築する場合で、世

帯数分のまとまった加入金等が必要となることがある点です。

　なお、水道管については、建物において利用する水栓の数によって、引き込むべき水道の管径が決まっているケースもあります。こうした点については、その地区に精通した建築士等の専門家に相談をするか、あるいは水道局に直接ヒアリングをしないとわからないこともあります。

　都市部に住んでいると、インフラは当然に利用できるものと考えられているので見落としがちな事項ですが、長く駐車場として利用されていた土地等については、敷地内にインフラが引き込まれていないこともあります。

　従前の土地利用状況によっては、こうしたことに注意することが必要です。

　次に、既存の土地上に建物が建っているケースについて考えてみましょう。既存の建物があるので、必要なインフラは入っているのですが、留意すべき点がいくつかあります。

　ⅰ．敷地面積が広くても、多くの場合、インフラは１つしか入っていないこと
　ⅱ．既存のインフラでは新しい建築のニーズを満たすことができない
　ⅲ．既存のインフラの老朽化が進むことで交換が必要となっている

　このうちⅲに該当するケースはあまりないと思われますので、ここではⅰとⅱについて具体事例でもう少し考えてみましょう。

事例１：分割予定地にインフラが１つしかないとき

　もともと２つの宅地を１つにしているような場合のほか、１つの敷地内でも複数の建物が建っていたとき（自宅と集合住宅が建っているとき等）

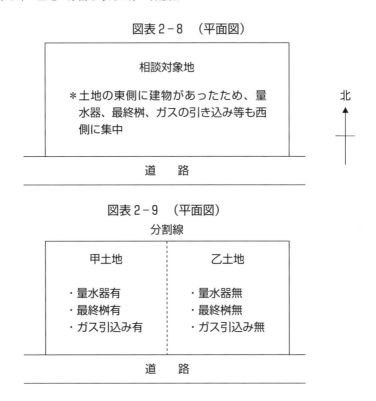

図表2−8 （平面図）

相談対象地

＊土地の東側に建物があったため、量
水器、最終桝、ガスの引き込み等も西
側に集中

北

道 路

図表2−9 （平面図）

分割線

甲土地

・量水器有
・最終桝有
・ガス引込み有

乙土地

・量水器無
・最終桝無
・ガス引込み無

道 路

であれば、敷地内に複数のインフラが整っている可能性がありますが、そ
うでないときは土地面積が広くても給排水やガスの引込みは1か所だけで
ある可能性が高くなります。

　そのためこの土地を分割すると、**インフラが入っていない土地について
はインフラの引込みに必要な費用相当の不利益が生じる**ことは理解してお
くべきでしょう。

　このような場合のその他の留意点として、前面道路に水道等の本管がな
い場合もあるほか、たとえ水道の本管があるときでも管径が細いと、その
土地上に集合住宅の建築を予定しているようなときには支障が生じること

があることです。このあたりも「建築」あるいは「不動産実務」の視点で考えなければわからないことといえるでしょう。

事例2：老朽木造貸家の建替え相談を受けたケース

　都内城西地区で80坪ほどの土地の活用の検討についての依頼を受けたときの話です。既存の木造貸家が空いてしまったので、新しく賃貸集合住宅を建築したいという相談を土地所有者から受けたのですが、現地を確認したところ、量水器の管径は13ミリに過ぎませんでした。

　古い住宅ですと、13ミリ口径の水道管のままでも問題はありませんが、今の建物は家で利用する水栓の数も増えているので、通常は戸当たり20ミリ口径の引込みが必要となります。まして集合住宅になると、各住戸で20ミリ口径の管が必要となるので建物全体ではさらに太い口径の管を引き込むことになります。

　ちなみに前面道路は4ｍ幅の袋地状の私道で、相談者も持分は有していたのですが、現地で見た感じでは水道の本管が入っているようには思えませんでした。水道局で調べたところ、私道には本管は入っていませんでした（公道の本管から私道部分を通して引込み管を敷地まで引いている状況でした）。

事例3：前面道路が私道である場合の道路掘削に係る課題

　なお、前面道路が私道であるときに、道路掘削については基本的に所有者全員の同意が必要となります。また、私道に本管が埋設されていても、その管が私道所有者の所有物であるときは、その本管に新たに管の接続をするときにも、所有者全員の承諾が必要であることは言うまでもありません。

5）敷地境界の確定について

　土地の売買をするときは、敷地境界を確定することが求められます。敷地境界には通常は、境界を明示するための杭等（敷地境界杭や鋲）が設置されていることが多いのですが、古くからの住宅地では境界を明確に示す杭等がないこともあります。このようなときは、隣地所有者立合いのうえで敷地境界の確定の作業も必要となります。

　そのほか、敷地境界についてよく聞くことで、「塀が敷地境界となっている」ケースがあります。この場合でも敷地境界が塀の内側か外側かでも土地面積は大きく異なります（たとえば、ブロック塀の場合は厚さが10cmあるので、仮に20m の塀があるときにブロック塀の内側が境界であるときと外側が境界であるときで土地の面積は2 m^2（＝20m×0.1m）の違いが生じます。都市部で地価が高いところでは、わずか2 m^2の違いでも資産価値が大きく変わってくるので留意すべき事項です[3]。

　次に土地を複数に分筆するときは、土地家屋調査士による土地の測量分筆の作業が不可欠となります。**特に公道との敷地境界の確定が終わっていないときは、所管の行政によっては担当者の立ち合いまでに数ヶ月の時間が必要となることもある**のでご注意ください。

3　敷地境界が、塀の「内側」か「外側」か、あるいは「中央」であるかという問題については、親の代は事情がわかっていても、子供にその内容が引き継がれていないこともあります。その意味では、相続対策などを検討する際に、親の代から事情をよくヒアリングしておくことも必要でしょう。

２．その他留意すべき事項

１）登記簿面積と実測面積に違いがある可能性

　登記簿上の土地面積は実測面積とは必ずしも一致しません。もちろん測量誤差の範囲ということもありますが、大きく異なることもあります。

　そもそも登記簿面積は、明治時代の地租改正の際の測量したデータがそのまま引き継がれているものです。そのため、当時の測量が不正確であったり、固定資産税等を軽減するために実際よりも狭い面積としたことや、土地をより高く売却するために実際よりも広い面積とするような測量をしていたこともあったようです。

　実際よりも狭く登記しているケースを「縄伸び」、広く登記していることを「縄縮み」と呼ぶこともあります。

　ところで、平成16年までは、土地を分筆するときは、分筆する土地は適切に測量するものの、残地については特に測量もしていなかったため、それまでに分筆された土地の残地部分に縄伸びや縄縮みの影響がそのまま残ってしまっていることがあります。この際に問題となるのは、当初の縄伸びや縄縮みの割合が少なかったとしても、土地を分筆すると登記簿面積と実測面積の乖離がより大きくなります。

　以上の理由から、土地の分割を検討するときには、登記面積ベースで考えるのではなく、実測した面積で考えるべきでしょう。

事例：9,500m²（登記簿上は10,000m²）の土地が数次にわたり分筆され、登記簿上は2,000m²となっているケース

図表2-10

	登記簿面積（a）	実測面積（b）	b/a
当初の状態	10,000m²	9,500m²	95%
分筆した土地	7,000m²	7,000m²	100%
残　　　地	3,000m²	2,500m²	83.33%

　特に「縄縮み」しているときは、平成16年までの分筆では小さくなっている部分がそのまま残地に残されることになります。たとえば上記事例のケースでは、当初は10,000m²に対して500m²の違いだったものが、分筆の結果3,000m²に対して500m²の違いとなってしまっています。

　すなわち、分子は変わらない一方で分母が小さくなるので、縄縮みの影響がより大きくなることなども、知識として持っていたほうがよいでしょう。

2）道路後退の必要性の有無

　前面道路の幅員が4m未満であるときのほか、4mを超えていても行政が認定している幅員に満たないようなときは、「道路後退」が必要となることがあります。

　建築基準法42条により、道路幅員は4m以上とすることが求められています（第4章2．2）参照）。そのため、幅員が4mに満たない道路については、通常は同条2項により道路後退が必要になります。ただし、どの程度の後退が必要なのかはケースバイケースとなります。

　実際には、道路の中心線から各2mの幅員が求められることが多いの

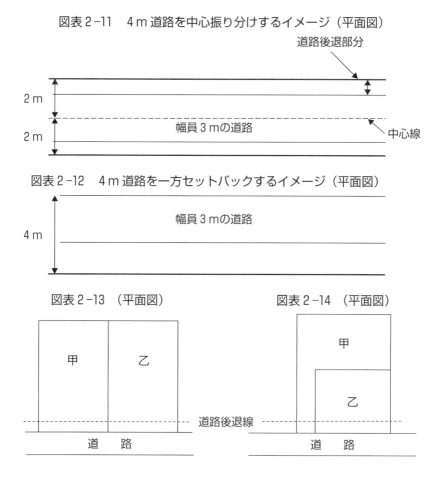

図表2-11　4m道路を中心振り分けするイメージ（平面図）

道路後退部分

2m

幅員3mの道路

中心線

2m

図表2-12　4m道路を一方セットバックするイメージ（平面図）

幅員3mの道路

4m

図表2-13　（平面図）

甲　乙

道路後退線

道　路

図表2-14　（平面図）

甲

乙

道路後退線

道　路

ですが（図表2-11）、中には一方セットバックが求められることもあります（図表2-12）。

　なお、注意しなければいけないことは、道路後退に供する土地は建築確認に際しての面積から減らされることです。そのため、土地の評価についても図表2-13のように、均等に道路後退をするときはよいのですが、図

表2-14のように一方の土地が大きな影響を受けるときには注意が必要です（このケースでは、甲土地は路地部分のみが道路後退の対象ですが、乙地は土地全体が対象となります）。

参考：水路沿いに土地があるとき

> 　土地が水路沿いにあるときで、水路と土地の境界確定をしていないときは、水路境界との確定作業が必要になります。
> 　作業そのものは、公道と敷地の境界の確定と同じですが、水路の境界確定の際は、測量範囲が広くなることも少なくなく、結果として測量等にかかる費用負担も大きくなる可能性があります。

3）私道に面した土地における道路の所有形態

　私道に面した土地の所有者は、私道についての共有持分を有していることが少なくありません。ところで、仮に私道に面している共有地を分割して別々に土地を所有するようになるときは私道の共有持分も割り振るようにすべきでしょう。

　稀に、元地主が私道のみを所有しているケースを見ることがあります。私道に面した土地を売却するときに、私道の持分の売却を失念していたためと思われます。実際に私道のみを有していても、その私道が不特定多数により道路として使われていれば、固定資産税等が課されることはありません。しかしながら私道を所有していれば、所有者はその管理義務を負う必要はあるわけですから、そのような状態となることは避けるべきでしょう。

　そのほか、私道が複数人で共有されているときは、その管理については

共有者全員で対応する必要があるほか、私道に面している土地所有者が私道の持分を所有していないようなときにも注意が必要なことがあります（本章1．4）事例3参照)。

第3章　分割についての
基本的な考え方

1. 土地分割手法の分類

1) 相続の際の遺産分割方法と共有物分割の手法

　遺産分割の際に土地の分割をすることがあるので、まずは遺産分割の手法について整理してみましょう。

　相続の際の遺産分割の考え方として以下の4つの手法が考えられます。このうち、本書の基本は「土地の分割」を考えることですから、「共有」は検討の対象から外すとすると、ⅰ～ⅲが基本的な考え方になります。

　　ⅰ．現物分割
　　ⅱ．換価分割
　　ⅲ．代償分割
　　ⅳ．共有

　次に共有物分割は、実務面では次のような手法で対応しています。

　　ⅰ．現物分割
　　ⅱ．換価分割
　　ⅴ．持分の売買
　　ⅵ．交換

　以上の中で、現物分割は、まさに土地を複数に分割することであるため、

これまで述べたことや次章で示すこと等を参考にして、土地の価値を毀損しないように分割をすればよいので、以下では「換価分割」と「代償分割」及び共有物分割における「持分の売買」と「交換」について基本的な仕組みについて解説します。

2）換価分割について

　換価分割とは、相続した財産を未分割の状態で換価し、その代金を相続人間で分割をする手法です。何らかの理由で現物分割を行うことが困難なときのほか、相続を受ける側も財産の現金化を望む場合などに行われる分割方法です。

　ここでいうところの「現物分割が困難な場合」とは、土地の面積が狭いときのほか、路地状敷地となっていて分割すると接道が困難となるようなケース（第5章2．2）参照）等が考えられます。

　なお、相続に際して、換価分割をするために土地を売却するときは、相続税に加え売却して得た利益（譲渡益）に対して税金（譲渡所得税・住民税、両者を併せて表現するときは、以下「譲渡税」といいます）が課されることに注意が必要です（相続した土地を売却するときは、一定の要件を満たす場合は譲渡所得税の計算の際に、相続税の一部を取得費に加算する仕組みなどもあります。この件については、税理士等の専門家に相談をするようにしてください）。

　譲渡益は具体的には次のように計算します。

$$譲渡益＝売却額－取得費^{*1}－譲渡に要した費用^{*2}$$

　＊1：土地については購入したときの価額ですが、建物は購入した価額から減価償却額を控除して求めます。

*2：売却時に不動産会社に支払った仲介手数料、測量費、売買契約書の貼付する印紙税や契約に際して要した交通費などとなります。

　譲渡税は、**売却した年の1月1日現在で所有期間が5年を超えるとき（以下「長期譲渡」といいます）は譲渡所得税・住民税を併せて20％、それ以外のとき（以下「短期譲渡」といいます）は譲渡所得税・住民税を併せて39％となります（そのほか、2037年までは、所得税額×2.1％が復興特別所得税として加算されます。**

　長期譲渡と短期譲渡の違いについて、2015年5月1日に土地を購入した場合を前提にして考えてみましょう（図表3-1）。

　長期譲渡と短期譲渡化との判断の基準は、「売却した年の1月1日現在で5年以上となっているか否か」です。そのため、2020年6月1日は、購入した時点からは5年が経過していますが、売却した年の1月1日、すなわち2020年の1月1日時点では5年を経過していないため、短期譲渡として扱われます。

　また、「取得時期」についての考え方ですが、その土地を購入したときから起算します。たとえば、1970年に先代が不動産を購入し、2022年に相続が発生し、2023年に土地を売却したときの取得時期は、相続した2022年

図表3-1

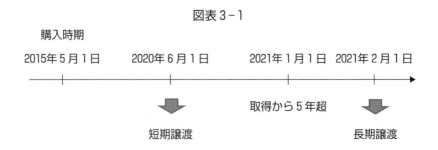

ではなく、あくまでその土地を購入した1970年ですから、長期譲渡の税率
が適用されます。

３）代償分割について

　相続における代償分割とは、相続の際にある特定の相続人がその財産を
相続する代わりに、その者から他の相続人に対して財産上の給付をするこ
とを意味します。

　具体例で考えてみましょう。Ａの財産は小規模な居宅とその敷地であ
る土地（100m²）しかなく、相続人は子供であるＢとＣの２人いる場合を
想定します。仮にＡの相続が発生したときに土地を２分割すると、それ
ぞれ50m²を相続することになるのですが、土地を極端に細分化すること
は望むところではありません。

　このような場合、たとえば子供Ｂに金銭的な余裕があるときには、遺
産分割に際してＢの手持ち金からＣに一定の金額を交付することで、Ｂ
が住宅と土地を相続することができます。本来であればＢからＣに手持
ち金を渡すことは贈与となりますし、贈与税の対象となるはずですが、遺
産分割の際の代償分割はあくまで遺産分割であり、贈与ではないので贈与
税は課税されません（相続税については、現物分割に比べて計算方法が複
雑化します）。

　なお、代償分割については、相続人それぞれの遺産分割協議で決めるべ
き事項ですので、お互いが合意すれば、必ずしも均等にこだわる必要はあ
りません。

　たとえば図表３-２の設例で、Ａから相続する土地の評価が3,000万円
であれば、ＢはＣに1,500万円を渡していますから、結果として衡平に相
続したことになります(Ｂは3,000万円の土地を取得したものの、Ｃに1,500

図表3-2　代償分割のイメージ

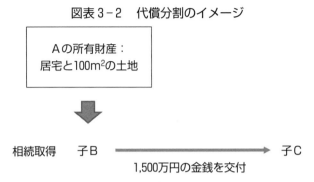

万円を支払っているので、結果としては1,500万円を相続したことになり
ます）。しかしながら、Bが相続する土地の評価が4,000万円であるときで
も、あるいは2,500万円であるときでも、相続人それぞれが納得して遺産
分割協議をしているのであれば、相続税がかかるときの負担の話を別にす
れば1,500万円で代償分割をしても特段の問題はありません。

　遺産分割に際しては、必ずしも相続人全員が均一に相続をする必要はな
いためです。

4）共有者間における持分の売買

　共有物の分割をするときに、共有者間で持分の売買をするという選択肢
も考えられます。共有財産の代償分割と表現することもできますが、あく
まで共有財産の持分の売買ですから通常の譲渡所得税・住民税が発生しま
す（なお、譲渡所得税・住民税の仕組みについては本章1. 2）参照）。

　たとえば、図表3-2のケースで、100m²の土地をB・Cが共有で相続し
たのちに、BがCの持分を1,500万円で購入することになると（この時の
取得原価と譲渡費用の合計が200万円で長期譲渡に該当するとします）、C
が負担する譲渡所得税・住民税の合計は260万円となります（復興特別所

得税は考慮に入れていません）。

　　　譲渡所得税・住民税：

　　　260万円＝（1,500万円 － 　　200万円　　 ）×20％
　　　　　　　　　売却額　　　取得原価・譲渡費用　　税率

　　また、Bの側も持分の購入による不動産取得税と登録免許税が発生します。

　　なお、持分の譲渡の際に、低額で売買をすると、差額分は贈与とみなされることも考えられます。相続の際の代償分割は遺産分割であるため、相続人間の合意があれば自由に対応することが可能ですが、相続の結果共有関係となったときはその時点で権利が確定することになるため、共有者間で合意のうえで低額（あるいは高額）で売買を行ったとしても、通常の取引価格との差額分は「贈与」等とみなされる可能性があります。

　　遺産分割の時点では当事者間の合意さえあれば厳密な評価を気にせずに分割をすることができますが、共有で相続してしまうと、考えなければいけないことも増えますし、後日、分割を考えるときには余計な費用がかかることもあります。こうしたことから、共有で相続することを「共憂」などと揶揄することもあるわけです。

　　もちろん、共有での相続が全面的に悪いわけではなく、中には共有で相続することが望ましいこともあります。その意味では、遺産分割についても、弁護士や税理士等の専門家と十分に協議したうえで判断をすべきだと思います。

　　また、仮に持分の譲渡を検討するような場面では、税理士等の専門家にも相談をされることをお勧めします。

5）交換

　共有者の一方が他に土地を持っているようなときには、その所有地と共有持分を交換することで共有関係を解消することも可能です。ただし、**契約上は「交換契約」であったとしても、税務上は原則として相互に土地を売買したとみなされることに注意が必要**です。

　図表3-3のケースで考えてみましょう。

図表3-3　従前の状況

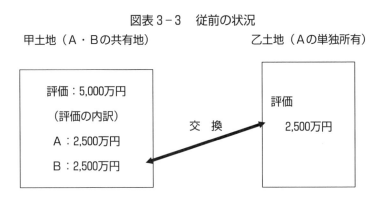

甲土地（A・Bの共有地）　　　　　　　　乙土地（Aの単独所有）

評価：5,000万円
（評価の内訳）
A：2,500万円
B：2,500万円

交　換

評価
2,500万円

　図表3-3で示すように、「甲土地におけるBの共有持分」と「A所有の乙土地」を交換すると、図表3-4のように甲土地はAの単独所有となり、乙土地はBの単独所有となるので、共有関係を解消することが可能となります。

　ところで、**法律上は交換の契約をすれば交換は成立しますし、このケースでは双方の評価も同じなので「等価交換」が成立することになりますが、税務面では甲土地におけるBの持分をAに売却し、乙土地をBに売却したものとみなされます**。つまり、売却にA、Bそれぞれが得た「譲渡益」

図表3－4　交換後

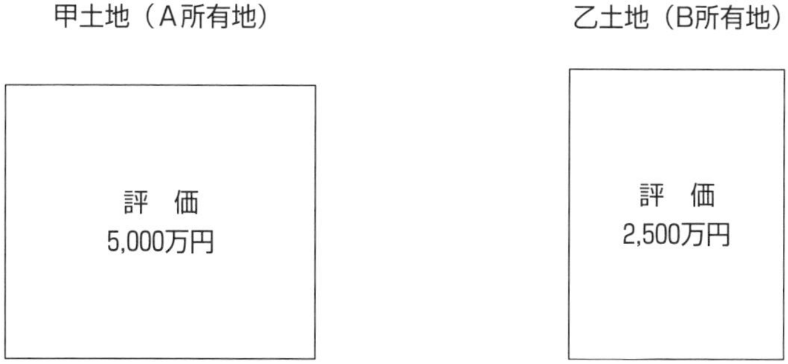

甲土地（A所有地）　　　　　　　　　　　　　乙土地（B所有地）

評　価
5,000万円

評　価
2,500万円

に対して譲渡所得税・住民税が課されることが原則となります。

　ただし、**所得税法58条の固定資産の交換の特例の適用を受けることができれば、譲渡がなかったものとみなされて、課税が繰り延べられます。**そのため、交換にともなって譲渡所得は発生しませんし、結果として交換の時点で譲渡税も発生しません（ただし、交換差金の授受があった場合は、譲渡所得として課税対象になります）。

　なお、固定資産の交換の特例の適用を受けるときは、一定の要件を満たした交換であることが必要であるほか、交換をした翌年の確定申告の時期に特例の適用を受ける旨の申告が必要です。要件を満たした交換であっても、申告をしないと特例は適用されず、通常の売買として取り扱われることに注意が必要です。

○固定資産の交換の特例

　「土地と土地」あるいは「建物と建物」という同種の固定資産を交換する際に、以下の要件をすべて満たすときは、交換をした翌年の確定申告のときに固定資産の交換の特例の適用を受ける旨の申告をすれば、譲渡がなかったものとみなされます。

固定資産の交換の特例を受けるための要件

> 1．同種の固定資産の交換であること
> 2．交換する相互の資産の差額が20%以内であること
> 3．交換により譲渡する資産は1年以上所有していたものであること
> 4．交換により取得する資産は、交換相手が1年以上所有していたものであり、交換のために取得したものではないこと
> 5．交換により取得する資産は譲渡する資産と同じ用途で使用すること

　このうち、1．の「同種の固定資産」とは、土地と土地、建物と建物等の交換であることを示しています。一方で固定資産であっても土地と建物の交換は特例の対象にはなりません[4]。また、不動産会社等の場合には所有する土地や建物は固定資産として扱われない場合があります（販売用の不動産は棚卸資産となります）。このようなときは、土地と土地の交換であっても特例の適用を受けることができません。

　次に交換する資産の差額が20%を超えると交換の特例の適用は否認されます。もっとも第三者間取引であればお互いに損になる取引はしないので、そのような事態に陥ることは稀だと思われますが、親子、兄弟等の特殊利害関係者間の取引については差額が大きくなる場合もあるので、評価は厳密に考えることが必要でしょう（税理士等に相談をして対応すべき問題です）。

　また5．の「譲渡する資産と同じ用途で使用する」とは、土地の場合で考えると「宅地」と「宅地」あるいは「農地」と「農地」の交換であることを示しています。なお、借地権（従前用途は住宅用）と底地の交換についても、交換後も宅地として利用するときは宅地と宅地の交換とみなされ

4　等価交換マンションは、固定資産の交換の特例ではなく、租税特別措置法37条の5に規定する「既成市街地等内にある土地等の中高層耐火建築物等の建設のための買換え及び交換の場合の譲渡所得の課税の特例」（以下「立体買換えの特例」といいます）を利用しています。

ます[5]。

　ところで、固定資産の交換の特例を利用して土地を交換したときは、交換前の土地の取得原価を交換後の土地が引き継ぐので結果として土地の譲渡に伴う譲渡所得税・住民税は発生しませんが、交換による所有権移転登記に伴う登録免許税や、不動産取得税が発生します。特に地価が高い地区では、これらの税金の負担も留意すべき事項となります。

6）等価交換マンションという考え方

　高度利用が可能である等、分譲マンションが成り立つ立地で、その立地が既成市街地等内であるときは、立体買換えの特例により、土地所有者とマンション開発会社が等価交換方式でマンション開発事業を行うことが可能となります。等価交換マンションを事業化できれば、結果として「敷地権付区分所有権」の形で共有物の分割を実現することができます。

　等価交換マンション事業とは、土地所有者が土地を出資し、マンション開発会社がマンション建設費用を出資し、それぞれの出資分に応じて完成したマンションの敷地権付区分所有権を配分する手法です。もっとも、多くの場合は土地所有者がマンション開発会社に土地を一度売却し、マンション開発会社が土地上に建築したマンションの敷地権付区分所有権の一部を旧土地所有者に売却する形態で事業を進めています（図表3-5）。

　この際、土地が既成市街地等に所在し、交換取得する建物が一定の要件を満たしたときは、立体買換えの特例により土地の取得原価をマンションに引き継ぐことができるので、確定申告に際してこの特例の適用を受ける旨の申告が受理されれば、買換えに対応する部分について譲渡課税が繰り延べられます。

5　宅地と宅地の交換でも、交換後に取得した宅地を売却するようなときも交換が否認されることに注意が必要です。

図表3-5　（断面図）

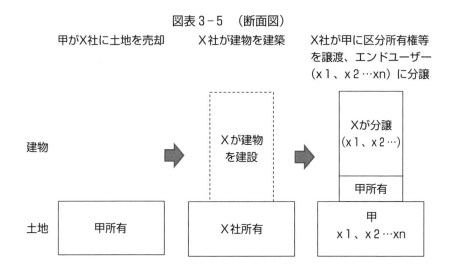

そのほか例は多くありませんが、居住用資産の買換え特例や特定事業用資産の買換え特例を利用してこの事業を進めるケースもあります。いずれにしても、毎年のように税制改正もされていますし、税務の適用要件はかなり複雑ですから、具体的な内容については税理士等の専門家に確認するようにしてください。

①　立体買換えの特例の適用条件

　以上のように、立体買換えの特例は、適用地域には注意が必要ですが、従前資産の用途等については大きな留意点はありません。

　これに対して、買換え後の資産については「3階建て以上の耐火もしくは準耐火構造の共同住宅」であること、「建物の半分以上が住宅用」であることに加え、従後資産の用途について注意が必要です。すなわち、「自己もしくは親族の居住用」、「自己の事業用もしくは貸付用」及び「生計一親族の事業用」に限られます。そのため、「セカンドハウス」として利用

するときなどは特例の対象にはならないことを理解しておきましょう。

　なお、令和5年度法改正により、本特例の適用から特定の民間再開発事業が除外されたことに注意が必要です。

図表3-6　立体買換えの特例の適用条件

適　用　地　域	・既成市街地等内 ・これに準ずる区域内 ・中心市街地共同住宅供給事業の地区内
従前資産の所有期間	所有期間についての制限はない
従前資産とその用途	土地等や建物等であれば用途の制限はない
建　築　場　所	譲渡した土地等と同一敷地内
建築される建物	地上階数3以上の、耐火建築物もしくは準耐火建築物で、全体の1/2以上が住宅であるもの
従　後　資　産	建物及び土地等
従後資産の用途	・自己または親族の居住用 ・自己の事業用、貸付用 ・自己と生計を一にする親族の事業用

　※等価交換マンション事業についての詳細は、大木佑悟著『等価交換マンション事業のすすめ方』（プログレス　2022年）を参照してください。

②　等価交換マンション事業

　次に、「等価交換マンション事業」の手法を用いて共有物分割をするときのイメージを図表3-7に示します。前提条件として、従前は甲、乙各1/2で土地を共有していたケースで、土地上に18戸のマンションを建築して、マンション開発会社は12戸を、地主は6戸（甲、乙各3戸ずつ）の区分所有権と敷地利用権を所有するものとします。なお、マンション開発会社は、取得した区分所有権と敷地利用権をx1～x12に売却するものとします（各戸の土地共有持ち分は1/18とします）。

図表3-7 （断面図）

| 計画前 | | 計画後のイメージ |

甲	x1	x7
乙	x2	x8
甲	x3	x9
乙	x4	x10
甲	x5	x11
乙	x6	x12

土地

| 甲：1／2 乙：1／2 | 甲・乙：各3／18 x1〜x12：各1／18 |

　なお、「等価交換マンション事業」とはいうものの、事業の仕組みは、「地主がマンション開発会社に土地を売却する契約」と「マンション開発会社から旧地主が完成したマンションの区分所有権（敷地利用権を含む）を購入する契約」という2つの契約で構成されます。そのため、地主は土地を売却する契約は交わすものの竣工後のマンションを購入しないことも可能ですし、逆に売却した土地価格よりも高い金額のマンションを購入する契約（差額の支払いが必要となります）を交わすこともできます。

　たとえば、図表3-7のケースで、甲は竣工後のマンションを取得するものの乙は取得しないという選択肢をとることも可能ですし、甲は再建後のマンションを3部屋取得するものの、乙は2部屋の取得にとどめ残りは現金としておくという選択肢をとることも可能です。

　なお、立体買換えの特例が適用可能なときでも、等価交換取得せずに現金で受け取った部分については譲渡益に対して譲渡所得税・住民税が課さ

れます。

③　等価交換マンションの事業方式

　以上で説明した等価交換マンションの事業方式は「全部譲渡方式」と呼ばれるものです。すなわち、土地所有者は一度土地のすべてをマンション開発会社に売却をした後に、完成したマンションの区分所有権を購入する形態となるためです。等価交換マンション事業をするときは、そのほかに「部分譲渡方式」という手法もあります。

　たとえば、図表3−7のケースでは、甲及び乙は完成後のマンションをそれぞれ3部屋と敷地利用権（土地共有持分権）の3/18を取得することになりますが、このことは理論上は甲、乙それぞれが所有する土地の権利6/18をマンション開発会社に売却して、3戸の区分所有権を取得したと考えることができます。そうだとすれば、土地の権利の全部をマンション開発会社に売却するのではなく、それぞれ6/18を売却する（逆にいうと、3/18の持分は売らずに保有しておく）という手法も考えられるはずです。

　この手法は「部分譲渡方式」といいますが、マンション開発会社は基本的にはこの方式は採用していないようです。

④　あえて課税の特例を使わない選択肢

　既成市街地等内にある立地で等価交換マンション事業を行うときは、多くの場合は立体買換えの特例の適用を受けますが、あえて特例を利用せずに譲渡税を支払ったうえでマンションを取得することもあります。

　固定資産の交換のところでも述べましたが、交換により譲渡税が発生しないのは交換後の不動産が譲渡した不動産の原価を引き継ぐためですが、その結果として建物の減価償却費も圧縮されることになります。

　建物は、会計上、建物の取得原価から法律で定められた期間で償却でき、

その償却費は所得の計算をする際に費用として計上できます。ところが、交換の特例を適用したときは、建物の取得費は交換前の資産の原価となるので、償却可能な金額も大幅に少なくなってしまいます。

　たとえば、時価1億円（原価1,000万円）の資産と時価1億円の建物の取得に際して交換特例を使ったときは、その建物の取得価格は1,000万円となります。すなわち、減価償却は1億円ではなく1,000万円をベースに計算しなければなりません。

　そのため、交換後の建物を収益不動産として貸して収益を得る際に、期待収益の額が大きい場合は、あえて買換え特例を利用しないほうが有利になることもあります。

　いずれにしても、分割を考える人物の状況や、その後の利用形態等によってどの選択が有利であるかは異なります。そのため、具体的な検討に際しては、状況の判断をしながら最適な手法を選択すべきでしょう。

2．相続対策を考える際の補足

1）評価が高い土地を所有しているとき

　土地の相続税評価額は、都市部においては「路線価×土地の面積」で計算をします（一部倍率地域のケースもあります）。そのため、広い土地を所有している場合のほか、面積はあまり大きくなくても評価が高い土地を所有している場合など、まとまった相続税が発生することになります。

　ところで、土地の相続にかかる税金を考える際に特に留意する必要があるのは、「土地は所有しているものの金融資産は多くない」ケースでしょう。金融資産が多ければ相続税の納税をすることは可能ですが、そうでないときは納税資金の調達をすることが必要となるためです。

　前述のように、「相続税を軽減したい」、「できることなら相続税を払わないで済むようにしたい」と考えている人は少なくないと思いますが、資産規模が一定以上になると、仮にまともに考えられる税効果対策をすべて講じても相続税は発生します。

　そのため、このようなケースでは、税効果対策とともに「納税方法の検討」のバランスよく考えるべきだと思います。

２）相続税の申告期限を踏まえた準備の必要性

　相続税は相続発生から10月以内に申告をする必要があります。そのため、現金納付が可能なときはともかくとして、相続税の納付をするために土地の売却の検討が必要な場面では、予め準備をしておかないと期間内に相続税の納税ができなくなるおそれがあります。特に以下のようなケースでは留意が必要でしょう。

> ⅰ．売却を希望する土地が、比較的売却が難しい土地であるとき
> ⅱ．敷地境界が明確でないとき
> ⅲ．土地を一部分筆して売却するとき
> ⅳ．土地を開発造成したうえで売却するとき

　このうち、ⅰの場合については理由を説明するまでもないと思いますので、ⅱとⅲについて簡単に説明させていただきます。

　まず、ⅱのケースですが、土地を売却するときは敷地境界を明確にすることが求められます（第2章1．5）参照）。通常は、隣地所有者立合いのもとで「敷地境界を示す杭」を入れるのですが、古くからの住宅地などでは境界杭が入っていないことがあるほか、もともと杭が入っていたのに

塀を作るときに撤去してしまっているようなケースもあります。

　このようなとき、土地の売却に際しては隣地所有者の立合いのもとで境界杭を入れることになりますが、諸事情により隣地所有者の立合いがすぐにできないことも考えられます。

　次に土地の一部分筆が必要なときで、公道との官民境界の確定が必要な場面では、順調に手続きが進んでも3、4月程度の時間がかかると考えたほうがよいでしょう。

　最後に、ivに相当するときは、図面上で開発の計画を作った後に開発等の許可を取得し、造成工事まで行うことを考えると、10月では時間は足りないと考えるべきです。

　開発の手続きやフローなどについては第4章3．5）をご参照ください。

　現実には、相続が発生したときは、様々な手続きが必要になりますし、相続人が複数いるときは遺産分割の協議と並行して相続税の納税の問題を検討することになります。これらと並行して、土地の分割方法を決めて分筆等の手続きをしたうえで土地の売却をするまでの手続きまでを相続税の納付期限までに行うことは大変な作業であることはご理解いただけるものと思います。

　こうしたことを考えると、事前に必要な準備をしておくことは不可欠な事項と考えられます。

3）相続税を軽減するための仕組み

　次に、土地についての税効果対策の概要について簡単に述べます。なお、本書は、税効果対策の解説書ではないので、具体的な内容については類書をご参照ください。

　相続税の軽減手法について考えるときは、相続税の計算の仕組みを見る

と、ポイントが理解できるのではないでしょうか。相続税の計算の仕組みを、極めて大雑把にまとめると次のようになります。

課　税　価　格＝被相続人にかかる財産の総額−被相続人にかかる負債の総額
課 税 遺 産 総 額＝課税価格−基礎控除
１人当たり相続額＝課税遺産総額×法定相続分
上記にかかる税額＝１人当たり相続額×税率−速算控除額
相 続 税 の 総 額＝１人当たり税額の合計

この計算式から考えると、節税対策のポイントとしては以下のような点を挙げることができます。

ⅰ．財産の総額の軽減
ⅱ．借入金を作ること
ⅲ．法定相続人の数を増やすこと

このうち、ⅰについては、現金や預貯金は誰がどう見ても評価は同じですが、土地は活用をすることで評価額の軽減が可能となることがあります。ⅱについては、「借金して賃貸住宅を建築する」手法等で検討されるケースが多いのですが、当然ながらお金を借りたときは、その返済が義務となることを忘れずに対応すべきだと思います。
　また、ⅲについては、子供がいない被相続人については２名までの養子は子供としてカウントできますが、それ以上の養子を迎えても少なくとも相続税の軽減効果はありません。なお、被相続人に子供がいる場合は、相

続税の計算上、子供としてカウントできる養子は1名のみとなります。

　以上のように考えると、土地相続を考えるときは、土地の評価をどのようにして軽減するかが主たる検討のポイントになるでしょう。一方で、計算上は借入れを増やせば税効果対策にはなるものの、財産の規模や返済リスクも比較衡量したうえで是非の判断をすることが不可欠です。

　いずれにしても、一定以上の財産を所有する者は、納税対策の検討が不可欠であることが理解できるのではないでしょうか。

4）土地評価の軽減手法

①　概要

　相続税を計算するときの土地の評価を考える際は、財産評価基本通達をベースにすることが基本となりますが、相続税効果対策を考える際に用いられる手法としては、次のような事項を挙げることができます（財産評価基本通達については第2章1．3）参照）。

> ⅰ．不整形地の評価は厳密に行うこと
>
> ⅱ．評価は「筆単位」ではなく、実際の用途単位で行うこと
>
> ⅲ．借地権が設定されている土地は「1－借地権価格」で評価すること
>
> ⅳ．居住用宅地や貸付用宅地については一定面積までは「小規模宅地の評価減」が適用可能な場合があること
>
> ⅴ．賃貸住宅が建っている土地は、その土地の「借地権割合×30%（借家権割合）」相当の割合が「貸家建付け地」として評価軽減の対象となること

②　不整形地の価格補正

このうち、不整形地とは、路地状敷地や三角形の土地、あるいは間口が極端に狭い土地等を指します。本書は、土地の評価方法についての解説書ではないので、細かな説明は省きますが、通常の四角形の土地と比較するとこうした土地は評価が安くなるので、単に「地積×路線価」で計算するだけなく、適切に価格の補正をするようにしましょう。

なお、土地が2つ以上の道路に接している場合には土地の評価が加算されます（第2章1．3）参照）。

③　評価単位

土地は、法律上は「筆」単位で把握しますが、相続税の評価をするときは「利用用途」単位で把握することになります。

たとえば、図表3-8では「甲筆」と「乙筆」にまたがって賃貸住宅が建っており、2つの土地全体が賃貸住宅の敷地として使われているため、この2つの土地を併せた土地が一体の土地として評価されます。この場合の評価は、前述のとおり、登記上の区分ではなく利用単位で考えられるの

図表3-8　（平面図）

図表3-9　（平面図）

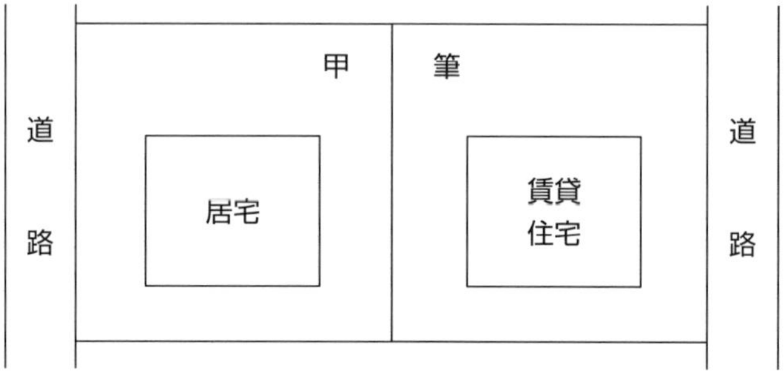

で、第2章1．3）で述べたように二方路線影響加算をして評価を求めることになります。

　相続税評価が土地の利用区分で考えられるのだとすれば、図表3-9のように、土地を2つに分けて利用することも1つの選択肢ではないでしょうか。

　なお、税務については、別のところでも述べたように、制度は毎年変わりますし、適用の可否の判断が難しいことも少なくありません。ここで述べたことも将来的には変わる可能性もあるので、特に3）や4）で述べた事項などについては、具体的な計画の際には必ず専門家に相談をするようにしてください。

5）遺産分割対策の必要性

　以上、相続に際しての基本的な考え方について述べてきましたが、相続人が複数いる場合には、相続対策を考えるときは遺産分割対策の検討は不可欠です。もちろん、子供も孫も1人しかいないのであれば、あえて分割を考える必要はありませんが、そうでないときは検討が必要です。

　この本のテーマは「土地の分割」を考えることですが、筆者が現実に受

ける相談で多いものは「共有物分割」です。すなわち、相続の際にあえて「共有」を選択したために、相続後一定期間が経過するなかで共有物分割が必要となる場面が少なくありません。

　相続の際は、当事者間で合意があればいろいろな分割をすることも可能ですが、一度相続取得してしまった土地を分割するような場面では税務を含めた検討が必要なこともありますし、また分割に際して余計な費用がかかることもあります。こうしたことから、予め専門家とともに対策を考えておく必要があります。

　なお、特に兄弟姉妹で土地を共有しているときには注意すべきことが多くなりますが、一方で共有がすべて悪いというわけでもありません。たとえば、ご夫婦と子供が1人という家庭で、家土地を所有されている父親が逝去したときに母親と子供が共有することには基本的には問題はありません。その理由は、最終的には母親から子供が相続をしたときには単独所有となるためです。

　いずれにしても、この問題もケースバイケースですので、専門家を入れて十分な検討をされることをお勧めします。

6）相続対策を考えるときのもう1つの留意点

　遺産分割についても税金面についても、相続対策を考える際に忘れてはいけないこととして、将来相続を受ける側にも情報の共有することを挙げておきます。

　現実に、親御さんが子供のため税理士や弁護士を含め対策を練ったとしても、財産を承継する側がその内容を理解していないと検討したことが無駄になってしまうこともあります。

　得てして、子供世代が忙しいことを理由に、細かなことを説明せずに親御さんが計画をすることも少なくありません。遺産分割については遺言を

残せば親御さんの意向は示すことができますが、仮に相続人全員が同意すれば遺言書と違う遺産分割をすることも可能です。

　そうした意味で、家族で情報を共有化して、適切な相続ができるようにしておくことはとても重要であることを強調しておきます。

第4章　土地分割の検討に必要な建築の視点

1．土地分割を考えるときのもう1つの視点

1）分割後の土地で建築可能な建物を踏まえた分割

　第1章でも述べたように、少なくとも都市部の土地は、「その土地にどのような建物を建てることができるか」によって評価も左右されることが多くなります。そのため、**土地を分割する計画を考えるときは、分割後の土地で建築可能な建物を想定したうえで分割の計画を考えることが最良の手段**と考えてよいでしょう。

　たとえば、遺産分割対策を含めた土地相続対策の検討で筆者が関わった事案では、分割後の土地の建築計画まで考えて分割をしたケースもあります。もっとも、建築計画まで考えると費用もかかるため、すべてのケースで推奨できる手法ではありませんが、少なくとも建築に際しての一定の知見があれば、有効な分割方法についてアドバイスをすることが可能なことも少なくありません。

　そこで、本章では、土地分割を考えるときに筆者らが重要と考えている建築にかかる事項をいくつか挙げます。

2．分割の検討に際して知っておきたい建築知識

1）どのような知見が必要か

　建築に関しての知見を挙げるときりがありませんが、筆者らの経験から、次のような内容について理解していれば、かなりの場面で対応できるのではないかと思われます。

ⅰ．道路について

ⅱ．壁面後退

ⅲ．用途地域

ⅳ．建蔽率、容積率

ⅴ．敷地面積

ⅵ．高さの制限

ⅶ．条例や建築協定

ⅷ．一敷地一建物の原則

ⅸ．開発について

ⅹ．その他

以下では、上記で挙げた項目について条文の紹介と簡単な解説をします。

２）道路について

　第１章でも紹介しましたが、**建築基準法43条１項で、建築物の敷地は道路に２m以上接しなければいけない**とされています。もっとも、建物を建てるだけでなく、敷地内に車を置くことを考えると２mの幅員では足りないので、道路に接している幅にもう少し余裕が必要であることは付言しておきます。

　ところで、建築基準法では道路についても定義づけをしています。まずはこの点について考えてみましょう。

①　「道路」とは

　私たちは、田んぼや畑の畔を「畦道」と呼んでいますし、土手の上の遊歩道でも「道」という言葉を使っています。辞書で「道路」という言葉を

調べると、たとえば、次のように表現されています。

「人や車が通行するための道」

　ところで、わが国では、前述のとおり建物を建てる敷地が接すべき道路
についても、建築基準法の定義を満たすことが必要です。道路については、
厳密に考えるとかなり細かく分類することができますが、土地分割を考え
るうえでは、とりあえずは次の点をおさえておけばよいでしょう。
　まずは建築基準法42条1項を読んでみましょう。

建築基準法42条1項（道路の定義）

> 　この章の規定において「道路」とは、次の各号のいずれかに該当する幅員四メー
> トル（特定行政庁がその地方の気候若しくは風土の特殊性又は土地の状況により必
> 要と認めて都道府県都市計画審議会の議を経て指定する区域内においては、六メー
> トル。次項及び第三項において同じ。）以上のもの（地下におけるものを除く。）を
> いう。
> 　一　道路法（昭和二十七年法律百八十号）による道路
> 　二　都市計画法、土地区画整理法（昭和二十九年法律第百十九号）、旧住宅地造
> 　　　成事業に関する法律（昭和三十九年法律第百六十号）、都市再開発法（昭和四
> 　　　十四年法律第三十八号）、新都市基盤整備法（昭和四十七年法律第八十六号）、
> 　　　大都市地域における住宅及び住宅地の供給の促進に関する特別措置法（昭和五
> 　　　十年法律第六十七号）又は密集市街地整備法（第六章に限る。以下この項にお
> 　　　いて同じ。）による道路
> 　三　都市計画区域若しくは準都市計画区域の指定若しくは変更又は第六十八条の
> 　　　九第一項の規定に基づく条例の制定若しくは改正によりこの章の規定が適用さ
> 　　　れるに至つた際現に存在する道
> 　四　道路法、都市計画法、土地区画整理法、都市再開発法、新都市基盤整備法、
> 　　　大都市地域における住宅及び住宅地の供給の促進に関する特別措置法又は密集
> 　　　市街地整備法による新設又は変更の事業計画のある道路で、二年以内にその事
> 　　　業が執行される予定のものとして特定行政庁が指定したもの
> 　五　土地を建築物の敷地として利用するため、道路法、都市計画法、土地区画整

理法、都市再開発法、新都市基盤整備法、大都市地域における住宅及び住宅地の供給の促進に関する特別措置法又は密集市街地整備法によらないで築造する政令で定める基準に適合する道で、これを築造しようとする者が特定行政庁からその位置の指定を受けたもの

この中で、道路については次のように分類しています

ⅰ．42条1項1号…国道、都道府県道、市町村道等の公道
ⅱ．42条1項2号…都市計画や区画整理等で作られた道路
ⅲ．42条1項3号…建築基準法の集団規定が適用された際、既にあった道路（既存道路）
ⅳ．42条1項4号…都市計画や区画整理等で2年以内に事業が行われる道路
ⅴ．42条1項5号…位置指定道路（私道として認定を受けた道路）

次に、42条2項の規定を見てみましょう。

建築基準法42条2項（道路の定義）

2　都市計画区域若しくは準都市計画区域の地域の指定若しくは変更又は第六十八条の九第一項の規定に基づく条例の制定若しくは改正によりこの章の規定が適用されるに至つた際現に建築物が立ち並んでいる幅員四メートル未満の道で、特定行政庁の指定したものは、前項の規定にかかわらず、同項の道路とみなし、その中心線からの水平距離二メートル（同項の規定により指定された区域内においては、三メートル（特定行政庁が周囲の状況により避難及び通行の安全上支障がないと認める場合は、二メートル）。以下この項及び次項において同じ。）の線をその道路の境界線とみなす。ただし、当該道がその中心線からの水平距離二メートル未満で崖地、川、線路敷地その他これらに類するものに沿う場合においては、当該崖地等の道の側の境界線及びその境界線から道の側に水平距離四メートルの線をその道路の境界線とみなす。

　建築基準法が制定される以前から、複数の建物の敷地のために道路として使われていた幅員4m未満1.8m以上の道路は、一般には「42条2項道路」と呼ばれています。なお、原則として中心線から2mずつの道路後退（＝セットバック）が必要となります。

　また、特定行政庁が幅員1.8m未満の道路を42条2項道路と指定するときは、建築審査会の同意を得なければなりません（42条6項）。

　そのほか、42条3～5項の規定も紹介しておきます。

建築基準法42条3～5項（道路の定義）

> 3　特定行政庁は、土地の状況に因りやむを得ない場合においては、前項の規定にかかわらず、同項に規定する中心線からの水平距離については二メートル未満一・三五メートル以上の範囲内において、同項に規定するがけ地等の境界線からの水平距離については四メートル未満二・七メートル以上の範囲内において、別にその水平距離を指定することができる。
> 4　第一項の区域内の幅員六メートル未満の道（第一号又は第二号に該当する道にあつては、幅員四メートル以上のものに限る。）で、特定行政庁が次の各号の一に該当すると認めて指定したものは、同項の規定にかかわらず、同項の道路とみなす。
> 　一　周囲の状況により避難及び通行の安全上支障がないと認められる道
> 　二　地区計画等に定められた道の配置及び規模又はその区域に即して築造される道
> 　三　第一項の区域が指定された際現に道路とされていた道
> 5　前項第三号に該当すると認めて特定行政庁が指定した幅員四メートル未満の道については、第二項の規定にかかわらず、第一項の区域が指定された際道路の境界線とみなされていた線をその道路の境界線とみなす。

　ところで、レアケースですが、市や区が所有しているもので道路に見えるものの建築基準法上の道路ではないものがあります。「市有通路」とか「区有通路」等とよばれていますが、繰り返しになりますがこれらは、所

図表 4 - 1　（平面図）

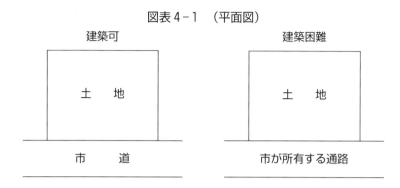

有者は「市」や「区」などであり、道路のような形状の「通路」ではあっても、建築基準法で定める「道路」ではないことに注意が必要です。

　次に「位置指定道路」（建築基準法42条 1 項 5 号）ですが、これは私道として行政の認可を受けた道路をいいます。具体的には私道を設置するときに、予め認可庁に事前相談をしたうえで申請書や図面等を提出して道路を作り、完成後に認可庁の検査を受けて合格した道路を意味します。

　また、42条 2 項道路のセットバックについて考えてみましょう。42条 2 項道路は、前述のように建築基準法施行以前から複数の建物のために生活上主たる道路として利用されていた幅員1.8m以上 4 m未満（ 6 m区域内においては 6 m未満）の道路のことです。なお、道路は 4 m（ 6 m）以上の幅員とすることが必要ですので、幅員が 4 m（ 6 m）に満たないときは道路の中心線から 2 m（ 6 m道路の場合は 3 m）の道路後退が必要となります。

　もっとも、この場合の中心線も現況の道路中心から 2 mではないこともあるので、細かくは行政の担当部署との相談が必要になります（第 2 章 2 ． 2 ）参照）。

②　道路後退について考える

　また、42条2項道路にかかわらず、道路後退が必要な土地において、敷地内の道路後退した部分に相当する土地は道路とみなされることにも注意が必要です。たとえば図表4-2のケースの場合、土地の実測面積は200m²となっていますが、道路後退部分が10m²（=1m×10m）あるため、建築をする際における土地の面積として実質的にカウントされるのは190m²となります（建蔽率や容積率は、土地面積が200m²ではなく190m²として計算することとなります）。

　不動産広告で、「土地面積200m²（道路後退10m²含む）」等と表記されているものを見ることがありますが、上述のような状態を指すと考えてください。

　また、建築基準法施行以前から生活上主たる道路として複数の世帯で使われていた道路の中で幅員が4m（6m）以上の道路は42条1項3号道路となります。

図表4-2　（平面図）

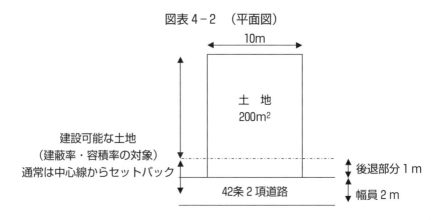

③　43条但書き道路について

道路については、前述以外に42条１項２号道路（都市計画法や区画整理法による道路）や42条１項４号道路（都市計画法や区画整理法により２年以内に事業が施行されるものとして特定行政庁が認めた道路）などもありますが、対象の土地が区画整理地内にある場合や、開発をかけるようなときを除くと、土地分割においては関係することはあまりないと思われます。

次に、「建築物の敷地は、道路に２m以上接していなければならない」とする規定について、条文を読んでみましょう。建築基準法43条１項の規定となります。

建築基準法43条１項（敷地等と道路との関係）

> 建築物の敷地は、道路（次に掲げるものを除く。第四十四条第一項を除き、以下同じ。）に二メートル以上接しなければならない。
> 　一　自動車のみの交通の用に供する道路
> 　二　地区計画の区域（地区整備計画が定められている区域のうち都市計画法第十二条の十一の規定により建築物その他の工作物の敷地として併せて利用すべき区域として定められている区域に限る。）内の道路

なお、道路に２m以上接しないときでも、建築が認められることがあります。通常「43条但書き」といわれる規定です（2018年の建築基準法改正までは、43条１項但書きで規定されていましたが、今は43条２項で規定されています）。

前述のように道路に２m以上接していない土地であっても、周辺に広い空地がある等して交通上、安全上、防火上及び衛生上支障がないとして建築審査会が同意した場合は建物の建築は可能となります。なお、このよ

うな場合におけるその空地等を43条但書き道路と言うことがありますが、現実にはそれは道路として認定されたわけではありません。そのため、このような土地で建物を再建築するときは、改めて建築審査会の同意が必要となることを理解しておくことが必要です（必ず同意がされるという保証はありません）。

建築基準法43条2項（敷地等と道路との関係）

> 2　前項の規定は、次の各号のいずれかに該当する建築物については、適用しない。
>
> 一　その敷地が幅員四メートル以上の道（道路に該当するものを除き、避難及び通行の安全上必要な国土交通省令で定める基準に適合するものに限る。）に二メートル以上接する建築物のうち、利用者が少数であるものとしてその用途及び規模に関し国土交通省令で定める基準に適合するもので、特定行政庁が交通上、安全上、防火上及び衛生上支障がないと認めるもの
>
> 二　その敷地の周囲に広い空地を有する建築物その他の国土交通省令で定める基準に適合する建築物で、特定行政庁が交通上、安全上、防火上及び衛生上支障がないと認めて建築審査会の同意を得て許可したもの

　ところで、2m接道要件さえ満たせば、どんな建物でも建築ができるわけではありません。建築基準法では、地方公共団体は、特殊建築物や3階建て以上の建物等の敷地については、「避難又は通行の安全の目的を十分に達成することが困難である」と認めるときは、条例で、敷地が接しなければいけない道路の幅員や接道面の長さなどについて必要な制限を置くことができるとされています。

　この点について、建築基準法の規定を見てみましょう。

建築基準法43条3項（敷地等と道路との関係）

> 3　地方公共団体は、次の各号のいずれかに該当する建築物について、その用途、

規模又は位置の特殊性により、第一項の規定によつては避難又は通行の安全の目的を十分に達成することが困難であると認めるときは、条例で、その敷地が接しなければならない道路の幅員、その敷地が道路に接する部分の長さその他その敷地又は建築物と道路との関係に関して必要な制限を付加することができる。

一　特殊建築物

二　階数が三以上である建築物

三　政令で定める窓その他の開口部を有しない居室を有する建築物

四　延べ面積（同一敷地内に二以上の建築物がある場合にあつては、その延べ面積の合計。次号、第四節、第七節及び別表第三において同じ。）が千平方メートルを超える建築物

五　その敷地が袋路状道路（その一端のみが他の道路に接続したものをいう。）にのみ接する建築物で、延べ面積が百五十平方メートルを超えるもの（一戸建ての建物を除く。）

　この点については、大都市部を中心に　条例で細かく規定していることが少なくありません。たとえば、東京都では「東京都建築安全条例」が該当します。そのため、分割の結果、接道面が広くない土地ができるような場合で、その土地を取得する予定の土地共有者が、建築基準法43条３項に掲げる建築を検討しているときは、条例のチェックをすることをお勧めします。

３）壁面後退

　都市計画のなかで、建物を建築する際に、隣接地や道路から一定の距離を空けることを求められることがあります。良好な住環境を保持すること等を目的として定められることがありますが、一般的には「壁面後退」と呼ばれています。

　なお、自治体によっては、集合住宅を建築するときには、建物を隣地から一定の距離を離すことを求めることもあります。

　壁面後退については、建築基準法46条で規定されています。

建築基準法46条1項（壁面線の指定）

> 　特定行政庁は、街区内における建築物の位置を整えその環境の向上を図るために必要があると認める場合においては、建築審査会の同意を得て、壁面線を指定することができる。この場合においては、あらかじめ、その指定に利害関係を有する者の出頭を求めて公開による意見の聴取を行わなければならない。
> （2項、3項は省略）

　そのほか、建築基準法47条では、建築物の壁や柱、高さ2mを超える門や塀は、壁面線を越えて建築してはならない旨を規定しています。

4）用途地域

　市街化区域内では用途地域が定められています。第一種低層住居専用地域や、近隣商業地域等といったものですが、注意が必要なことは、用途地域ごとに建築できる建物と建築不可の建物があることです。

　具体的には図表4-3に示すとおりですが、たとえば「住宅」は、工業専用地域以外ではすべての用途地域で建築することは可能です。一方で、第一種低層住居専用地域では、原則として店舗を作ることはできません（住宅との併用で50m²以下かつ建物面積の半分以下の事務所、日用品等の物販店舗、食堂・喫茶店、サービス店舗等については、建築は可能です）。

5）建蔽率・容積率

　都市計画区域内の土地では建蔽率や容積率についての規定もあります。建蔽率とは、土地の面積に対する「建築面積」の限度を、容積率は土地に対する「容積対象延床面積」の限度を示したものです（建蔽率は建築基準法53条で、容積率は同法52条で規定されています）。

　ところで、**「建築面積」とは建築物の外壁又はこれに代わる柱の中心線**

図表 4－3　用途地域による建築の制約

用途地域内の建築物の用途制限
- ○ 建てられる用途
- × 建てられない用途
- ①、②、③、④、▲、■：面積、階数等の制限あり

用途	第一種低層住居専用地域	第二種低層住居専用地域	第一種中高層住居専用地域	第二種中高層住居専用地域	第一種住居地域	第二種住居地域	準住居地域	近隣商業地域	商業地域	準工業地域	工業地域	工業専用地域	用途地域の指定のない区域 *	備考
住宅、共同住宅、寄宿舎、下宿。兼用住宅で、非住宅部分の床面積が、50㎡以下かつ建築物の延べ面積の2分の1以下のもの	○	○	○	○	○	○	○	○	○	○	○	×	○	非住宅部分の用途制限あり
店舗等 店舗等の床面積が150㎡以下のもの	×	①	②	③	○	○	○	○	○	○	○	④	○	① 日用品販売店舗、食堂、喫茶店、理髪店及び建具屋等のサービス業用店舗のみ。2階以下
店舗等の床面積が150㎡を超え、500㎡以下のもの	×	×	②	③	○	○	○	○	○	○	○	④	○	② ①に加えて、物品販売店舗、飲食店、損保代理店・銀行の支店・宅地建物取引業者等のサービス業用店舗等のみ。2階以下。
店舗等の床面積が500㎡を超え、1,500㎡以下のもの	×	×	×	③	○	○	○	○	○	○	○	■	○	③ 2階以下。
店舗等の床面積が1,500㎡を超え、3,000㎡以下のもの	×	×	×	×	○	○	○	○	○	○	○	■	○	④ 物品販売店舗、飲食店を除く。
店舗等の床面積が3,000㎡を超え、10,000㎡以下のもの	×	×	×	×	×	○	○	○	○	○	○	■	○	■ 農産物直売所、農家レストラン等のみ。2階以下。
店舗等の床面積が10,000㎡を超えるもの	×	×	×	×	×	×	×	○	○	○	×	■	○	
事務所等 1,500㎡以下のもの	×	×	×	▲	○	○	○	○	○	○	○	○	○	▲ 2階以下
事務所等の床面積が1,500㎡を超え、3,000㎡以下のもの	×	×	×	×	▲	○	○	○	○	○	○	○	○	
事務所等の床面積が3,000㎡を超えるもの	×	×	×	×	×	○	○	○	○	○	○	○	○	
ホテル、旅館	×	×	×	×	▲	○	○	○	○	○	×	×	○	▲ 3,000㎡以下
遊戯施設・風俗施設 ボーリング場、水泳場、スケート場、ゴルフ練習場、バッティング練習場等	×	×	×	×	▲	○	○	○	○	○	○	×	○	▲ 3,000㎡以下
カラオケボックス等	×	×	×	×	×	▲	▲	○	○	○	○	▲	○	▲ 10,000㎡以下
麻雀屋、パチンコ屋、射的場、勝馬投票券発売所、場外車券場等	×	×	×	×	×	▲	▲	○	○	○	▲	×	○	▲ 10,000㎡以下　△客席200㎡未満
劇場、映画館、演芸場、観覧場、ナイトクラブ等	×	×	×	×	×	×	▲	▲	○	○	×	×	○	▲ 客席10,000㎡以下
キャバレー、料理店、個室付浴場等	×	×	×	×	×	×	×	×	○	▲	×	×	×	△個室付浴場等を除く。
公共施設・学校等 幼稚園、小学校、中学校、高等学校	○	○	○	○	○	○	○	○	○	○	×	×	○	
大学、高等専門学校、専修学校等	×	×	○	○	○	○	○	○	○	○	×	×	○	
病院	×	×	○	○	○	○	○	○	○	○	×	×	○	
神社、寺院、教会、公衆浴場、診療所、保育所等	○	○	○	○	○	○	○	○	○	○	○	○	○	
倉庫業倉庫	×	×	×	×	×	×	○	○	○	○	○	○	○	
自家用倉庫	×	×	×	①	②	○	○	○	○	○	○	○	○	① 2階以下かつ1,500㎡以下　② 3,000㎡以下
工場・倉庫等 危険性や環境を悪化させるおそれが非常に少ない工場	×	×	×	×	①	①	①	②	②	○	○	○	○	作業場の床面積 ① 50㎡以下、② 150㎡以下　■ 農産物を生産、集荷、処理及び貯蔵するものに限る。　※著しい騒音を発生するものを除く。
危険性や環境を悪化させるおそれが少ない工場	×	×	×	×	×	×	×	②	②	○	○	○	○	
危険性や環境を悪化させるおそれがやや多い工場	×	×	×	×	×	×	×	×	×	○	○	○	○	
危険性が大きいか又は著しく環境を悪化させるおそれがある工場	×	×	×	×	×	×	×	×	×	×	○	○	○	
自動車修理工場	×	×	×	×	①	①	②	③	③	○	○	○	○	作業場の床面積 ① 50㎡以下、② 150㎡以下、③ 300㎡以下　原動機の制限あり

注 本表は、建築基準法別表第2の概要であり、全ての制限について掲載したものではない。
* 都市計画法第七条第一項に規定する市街化調整区域を除く。

で囲まれた部分の水平投影面積（開放性の高い部分については端から1m以内の部分は除外）を意味し、「延床面積」とは建築物の各階又はその一部で壁その他の区画の中心線で囲まれた部分の水平投影面積である床面積の各階の合計を意味します。たとえば、200m²の土地で建蔽率が80％、容積率が200％だとすると、原則として建築面積で160m²（＝200m²×80％）、容積対象延床面積で400m²（＝200m²×200％）までの建物を建てることが可能となります。

なお、延床面積の算定方法は複雑で、建物部分の用途等により延床面積に算入されるものの容積率算定の対象（容積対象延床面積）からは除外される部分等があるので注意が必要です。

次に、容積率について建築基準法52条の規定を見てみましょう。

建築基準法52条1項（容積率）

建築物の延べ面積の敷地面積に対する割合（以下「容積率」という。）は、次の各号に掲げる区分に従い、当該各号に定める数値以下でなければならない。ただし、当該建築物が第五号に掲げる建築物である場合において、第三項の規定により建築物の延べ面積の算定に当たりその床面積が当該建築物の延べ面積に算入されない部分を有するときは、当該部分の床面積を含む当該建築物の容積率は、当該建築物がある第一種住居地域、第二種住居地域、準住居地域、近隣商業地域又は準工業地域に関する都市計画において定められた第二号に定める数値の一・五倍以下でなければならない。

建築基準法52条1項の規定は、以上で示したとおりです。

そのほか容積率は、都市計画で定めるものと、前面道路の幅員に一定の係数を乗じて求めたものを比較して、いずれか低いものが用いられます。建築基準法52条2項を読んでみましょう。

建築基準法52条2項（容積率）

> 2　前項に定めるもののほか、前面道路（前面道路が二以上あるときは、その幅員の最大のもの。以下この項及び第十二項において同じ。）の幅員が十二メートル未満である建築物の容積率は、当該前面道路の幅員のメートルの数値に、次の各号に掲げる区分に従い、当該各号に定める数値を乗じたもの以下でなければならない。
> 一　第一種低層住居専用地域、第二種低層住居専用地域又は田園住居地域内の建築物　十分の四
> 二　第一種中高層住居専用地域若しくは第二種中高層住居専用地域内の建築物又は第一種住居地域、第二種住居地域若しくは準住居地域内の建築物（高層住居誘導地区内の建築物であつて、その住宅の用途に供する部分の床面積の合計がその延べ面積の三分の二以上であるもの（当該高層住居誘導地区に関する都市計画において建築物の敷地面積の最低限度が定められたときは、その敷地面積が当該最低限度以上のものに限る。第五十六条第一項第二号八及び別表第三の四の項において同じ。）を除く。）　十分の四（特定行政庁が都道府県都市計画審議会の議を経て指定する区域内の建築物にあつては、十分の六）
> 三　その他の建築物　十分の六（特定行政庁が都道府県都市計画審議会の議を経て指定する区域内の建築物にあっては、十分の四又は十分の八のうち特定行政庁が都道府県都市審議会の議を経て定めるもの）

　たとえば、第一種住居地域で容積率が300％の指定がある立地について考えてみましょう。仮にこの土地の前面道路の幅員が8mの場合は、上記の計算式で求めた容積率は320％（＝8×40％）ですから、これよりも低い都市計画上の容積率（300％）が実際の建築において採用されます。

　一方で、土地の前面道路の幅員が4mの場合は、上記の計算式で求めた容積率は160％（＝4×40％）となるため、都市計画上の容積率ではなく、この計算式で求めた容積率が上限となってしまいます。

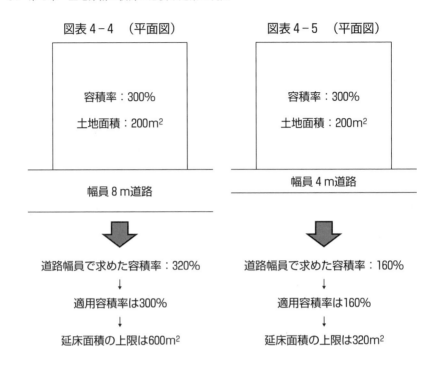

図表4-4 （平面図）

容積率：300%

土地面積：200m²

幅員8m道路

道路幅員で求めた容積率：320%
↓
適用容積率は300%
↓
延床面積の上限は600m²

図表4-5 （平面図）

容積率：300%

土地面積：200m²

幅員4m道路

道路幅員で求めた容積率：160%
↓
適用容積率は160%
↓
延床面積の上限は320m²

　次に、建蔽率に関する建築基準法53条の規定を見てみましょう。

建築基準法53条1項（建蔽率）

> 　建築物の建築面積（同一敷地内に二以上の建築物がある場合においては、その建築面積の合計）の敷地面積に対する割合（以下「建蔽率」という。）は、次の各号に掲げる区分に従い、当該各号に定める数値を超えてはならない（以下省略）。

事例：他の規定により容積率をフルに利用できないケース

　土地上に建物を建築するときは接道要件を満たすことが大切であることや、建蔽率や容積率の考え方について説明してきましたが、**実際に土地上**

図表 4 - 6　道路から30m は商業地域でその奥は一種中高層地域の場
　　　　　　合（図は平面図となります）

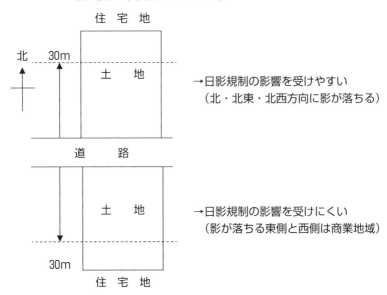

住 宅 地

北　　30m

土　　地

→日影規制の影響を受けやすい
　（北・北東・北西方向に影が落ちる）

道　　路

土　　地

→日影規制の影響を受けにくい
　（影が落ちる東側と西側は商業地域）

30m

住 宅 地

**に建物を建築するときには、他の制約により「土地面積×容積率」の規模
の建物が建つとは限りません。**具体的には本章2．7）で述べるように、
建築をするときの規定はこれ以外にも建物の高さ制限の規定が適用される
ほか、壁面後退が指定されているケースもあります。

　特に住居系の用途地域が関係するときは、制約が厳しくなることがあり
ます。たとえば、本章2．8）で説明する「日影規制」の指定があるとき
は、計画地が商業立地だとしても、その北側に日影規制のある住居系の用
途地域が広がっているときは、その住居系の用途地域に落ちる日影が制約
要件となることがあります。

　特に敷地の北側が住宅地になっている土地（商業地等）で中高層建築の
検討をすることが前提となるときや、狭小地などにおいては、設計の専門

家によるボリュームチェックを行いながら検討をしないと判断が難しい
ケースも出てきます（図表4-6）。

6）敷地面積

　建築基準法では、建物を建てる際の土地の面積についての規定を置いて
います。具体的には、**都市計画の中で土地の最低面積を定めることができ**
るとされています。

　土地分割を考えるときに留意しなければいけないことは、**仮に都市計画**
の中で建築をする際の最低面積が定められている場合に、分割の結果最低
面積を満たさないことになると、結果として分割後の土地に建物を建築す
ることができなくなることです。

　そもそも、最低面積の制限が置かれていない自治体もありますし、制限
があるときでも、自治体ごとに取り扱いは違うことにも注意が必要です。

建築基準法53条の2第1項（建築物の敷地面積）

> 　建築物の敷地面積は、用途地域に関する都市計画において建築物の敷地面積の最
> 低限度が定められたときは、当該最低限度以上でなければならない。ただし、次の
> 各号のいずれかに該当する建築物の敷地については、この限りでない（以下省略）。

7）高さの制限

　住居系の用途地域では隣接地の日照や眺望等に一定の配慮をする必要が
あるため、建物の高さについて様々な制約を置いています。具体的には絶
対高さ制限や道路境界・隣地境界からの斜線制限などの「高さの規制」が
あるほか、日影規制、北側斜線制限などの各種制約がかかってきます。

　まず最初に、建築基準法55条で規定する「第一種低層住居専用地域等内
における建築物の高さの限度（絶対高さ制限）」について見てみましょう。

①　絶対高さ制限

建築基準法55条（第一種低層住居専用地域等内における建築物の高さの限度）

> 　　　第一種低層住居専用地域、第二種低層住居専用地域又は田園住宅地域内においては、建築物の高さは、十メートル又は十二メートルのうち当該地域に関する都市計画において定められた建築物の高さの限度を超えてはならない。
> 2　　前項の都市計画において建築物の高さの限度が十メートルと定められた第一種低層住居専用地域、第二種低層住居専用地域又は田園住居地域内においては、その敷地内に政令で定める空地を有し、かつ、その敷地面積が政令で定める規模以上である建築物であつて、特定行政庁が低層住宅に係る良好な住居の環境を害するおそれがないと認めるものの高さの限度は、同項の規定にかかわらず、十二メートルとする。（以下省略）

　建築基準法では、第一種低層住居専用地域、第二種低層住居専用地域及び田園住居地域においては建物の絶対高さの制限を置いています。これらの地域では、建蔽率も容積率も低く抑えられているので中高層建築は困難なことが多いのですが、たとえば、土地面積が広い場所などにおいて建物の建築範囲を集約して建物の高層化を図ることも考えられるため、絶対的高さの上限を定めています。

②　道路斜線制限

　道路沿いに建物を建築するときは、道路の採光や通風を確保するとともに、圧迫感を抑える必要があります。また建物が道路ギリギリいっぱいに建っているようなときに災害などが発生すると、建物等が損壊して道路が塞がれるリスクもあります。

　こうしたことから、建築基準法56条1項1号において、道路の反対側の境界線から一定の斜線を引いて、その中に建物が収まるように規制するの

建築基準法56条1項1号〔道路斜線制限〕

> 建築物の各部分の高さは、次に掲げるもの以下としなければならない。
> 一　別表第三（い）欄及び（ろ）欄に掲げる地域、地区又は区域及び容積率の限度の区分に応じ、前面道路の反対側の境界線からの水平距離が同表（は）欄に掲げる距離以下の範囲内においては、当該部分から前面道路の反対側の境界線までの水平距離に、同表（に）欄に掲げる数値を乗じて得たもの

が道路斜線制限です。

　以上から、住居系の用途地域における道路斜線の一般的なイメージを図示すると図表4-7のようになります。

図表4-7　住居系の地区の道路斜線のイメージ（断面図）

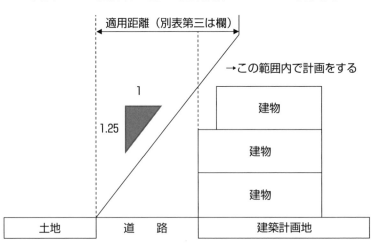

図表 4 - 8　建築基準法56条１項１号「別表第３」

	（い）	（ろ）	（は）	（に）
	建築物がある地域、地区又は区域	第五十二条第一項、第二項、第七項及び第九項の規定による容積率の限度	距離	数値
一	第一種低層住居専用地域、第二種低層住居専用地域、第一種中高層住居専用地域、第二種中高層住居専用地域若しくは田園住居地域内の建築物又は第一種住居地域、第二種住居地域若しくは準住居地域内の建築物（四の項に掲げる建築物を除く。）	十分の二十以下の場合	20m	1.25
		十分の二十を超え十分の三十以下の場合	25m	
		十分の三十を超え十分の四十以下の場合	30m	
		十分の四十を超える場合	35m	
二	近隣商業地域又は商業地域内の建物	十分の四十以下の場合	20m	1.5
		十分の四十を超え十分の六十以下の場合	25m	
		十分の六十を超え十分の八十以下の場合	30m	
		十分の八十を超え十分の百以下の場合	35m	
		十分の百を超え十分の百十以下の場合	40m	
		十分の百十を超え十分の百二十以下の場合	45m	
		十分の百二十を超える場合	50m	
三	準工業地域内の建築物（四の項に掲げる建築物を除く。）又は工業地域若しくは工業専用地域内の建築物	十分の二十以下の場合	20m	1.5
		十分の二十を超え十分の三十以下の場合	25m	
		十分の三十を超え十分の四十以下の場合	30m	

		十分の四十を超える場合	35m	
四	第一種住居地域、第二種住居地域、準住居地域又は準工業地域内について定められた高層住居誘導地区内の建築物であつて、その住宅の用途に供する部分の床面積の合計がその延べ面積の三分の二以上であるもの		35m	1.5
五	用途地域の指定のない区域内の建築物	十分の二十以下の場合	20m	＊
		十分の二十を超え十分の三十以下の場合	25m	
		十分の三十を超える場合	30m	

＊　一・二五又は一・五のうち、特定行政庁が土地利用の状況等を考慮し当該区域を区分して都道府県都市計画審議会の議を経て定めるもの

　なお、道路斜線制限の計算を緩和する仕組みがいくつかあり、例を挙げると以下のようになります。

　ⅰ．建物を道路から後退して建築するときの緩和
　ⅱ．二方向道路の緩和
　ⅲ．高低差による緩和
　ⅳ．天空率による緩和

　このうちⅰは、計画建物の道路境界から建物が後退すると、制限が緩和される仕組みです。
　図表4−7のケースは、道路いっぱいに建物が建っているイメージですが、この場合は道路の反対側の道路境界線から道路斜線を引いて建物の高さを求めています。これに対して図表4−9のケースでは、計画建物は道

図表４−９　道路後退（セットバック）した場合の道路斜線のイメージ

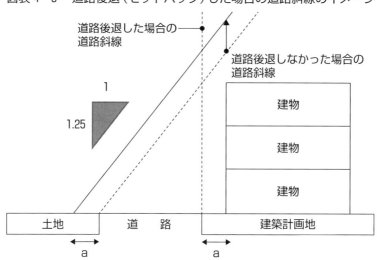

路境界からａメートル後退した場所に建築する予定になっています。この場合の道路斜線は敷地の反対側の道路境界からａメートル後退したところから斜線を引くことができるようになっています。

建築基準法56条２項

> 2　前面道路の境界線から後退した建築物に対する前項第一号の規定の適用については、同号中「前面道路の反対側の境界線」とあるのは、「前面道路の反対側の境界線から当該建築物の後退距離（当該建築物（地盤面下の部分その他政令で定める部分を除く。）から前面道路の境界線までの水平距離のうち最小のものをいう。）に相当する距離だけ外側の線」とする。

　次に二方向道路の緩和ですが、二方向道路となっているときは、狭い道路についても、交差点から広い道路の幅員の２倍（35mを限度とする）の範囲と、その他の前面道路の中心線からの水平距離が10mを超える区

図表4-10　（平面図）

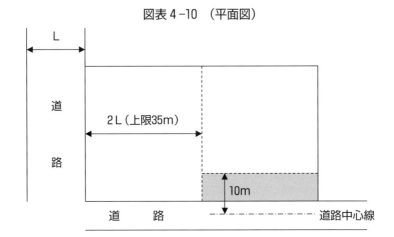

　域については、すべての前面道路が幅員の最大な前面道路と同じ幅員を有するものとみなされます。

　言葉で書くとわかりにくいのですが、仮に二方向道路で、道路幅員が大きい方の道路幅員をLとして、この制限を図示すると図表4-10のようになります。

　また、敷地と道路に高低差のある場合についても一定の緩和規定があります。具体的には、道路が敷地より1m以上低い位置にあるときは、その高低差から1mをマイナスした数値の1/2に相当する分、実際の道路地盤面より高い位置にあるとみなして道路斜線の計算をすることになります（図表4-11）。

　なお、天空率については96頁をご参照ください。

③　隣地斜線制限

　敷地境界線のうち道路境界となる部分以外について、低層住居専用地域及び田園住居地域以外の住居系地域については、原則として隣地境界線上

図表 4 -11　敷地と道路の高低差が 2 m あるとき（断面図）

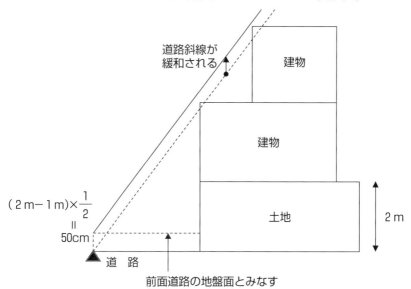

高さ20m の点から 1 対1.25の斜線を引いた範囲内、その他の地域では高
さ31m の点から 1 対2.5の斜線を引いた範囲内に建物が収まるようにする
必要があります。

建築基準法56条 1 項 2 号〔隣地斜線制限〕

二　当該部分から隣地境界線までの水平距離に、次に掲げる区分に従い、イ若しく
　　は二に定める数値が一・二五とされている建築物で高さが二十メートルを超える
　　部分を有するもの又はイから二までに定める数値が二・五とされている建築物
　　（ロ及びハに掲げる建築物で、特定行政庁が都道府県都市計画審議会の議を経て
　　指定する区域内にあるものを除く。以下この号及び第七項第二号において同じ。）
　　で高さが三十一メートルを超える部分を有するものにあつては、それぞれその部
　　分から隣地境界線までの水平距離のうち最小のものに相当する距離を加えたもの
　　に、イから二までに定める数値を乗じて得たものに、イ又は二に定める数値が一・
　　二五とされている建築物にあつては二十メートルを、イから二までに定める数値

　　が二・五とされている建築物にあつては三十一メートルを加えたもの
　イ　第一種中高層住居専用地域若しくは第二種中高層住居専用地域内の建築物又
　　　は第一種住居地域、第二種住居地域若しくは準住居地域内の建築物（ハに掲げ
　　　る建築物を除く。）　一・二五（第五十二条第一項第二号の規定により容積率の
　　　限度が十分の三十以下とされている第一種中高層住居専用地域及び第二種中高
　　　層住居専用地域以外の地域のうち、特定行政庁が都道府県都市計画審議会の議
　　　を経て指定する区域内の建築物にあつては、二・五）
　ロ　近隣商業地域若しくは準工業地域内の建築物（ハに掲げる建築物を除く。）
　　　又は商業地域、工業地域若しくは工業専用地域内の建築物　二・五
　ハ　高層住居誘導地区内の建築物であつて、その住宅の用途に供する部分の床面
　　　積の合計がその延べ面積の三分の二以上であるもの　二・五
　ニ　用途地域の指定のない区域内の建築物　一・二五又は二・五のうち、特定行
　　　政庁が土地利用の状況等を考慮し当該区域を区分して都道府県都市計画審議会
　　　の議を経て定めるもの

図表4-12　隣地斜線の概要

用途地域	立ち上がりの高さ	斜線の勾配
一種中高層住居専用地域 二種中高層住居専用地域 一種住居地域 二種住居地域 準住居地域	H>20m （特定行政庁が都市計画審議会で指定した場合は、H>31m）	1.25 （特定行政庁が都市計画審議会で指定した場合は、2.5）
近隣商業地域 商業地域 準工業地域 工業地域 工業専用地域	H>31m	2.5
用途地域の指定のない地域	H>20m （特定行政庁が都市計画審議会で指定した場合は、H>31m）	1.25 （特定行政庁が都市計画審議会で指定した場合は、2.5）

④　北側斜線制限

　「北側斜線制限」とは北側の隣地境界線の一定の高さから斜線を引いて、その斜線のなかに建物が位置するようにすべきことを定めた規定です。具体的には第一種・第二種低層住居専用地域、第一種・第二種中高層住居専用地域、田園住居地域等では北側斜線の制限が設けられています。

　この「北側斜線制限」は用途地域に紐づいています。具体的には、図表4-13のようになります。

図表4-13　北側斜線制限について

用途地域	建築ができない範囲
第一種低層住居専用地域 第二種低層住居専用地域 田園住居地域	北側隣地境界上高さ5mの点から1対1.25の斜線を引いた範囲内 （85頁の絶対高さの制限あり）
第一種中高層住居専用地域 第二種中高層住居専用地域	北側隣地境界上高さ10mの点から1対1.25の斜線を引いた範囲内

　第一種中高層住居専用地域と第二種中高層住居専用地域は図表4-13のとおり北側斜線が適用される地域ですが日影規制の対象となっているときは、北側斜線は適用されません。また、多くの場合、2階建ての建物は日影規制の制約を受けませんが、北側斜線制限は2階建ての建物にも適用されます。

建築基準法56条1項3号〔北側斜線制限〕

> 三　第一種低層住居専用地域、第二種低層住居専用地域若しくは田園住居地域又は第一種中高層住居専用地域若しくは第二種中高層住居専用地域（次条第一項の規定に基づく条例で別表第四の二の項に規定する（一）、（二）又は（三）の号が指

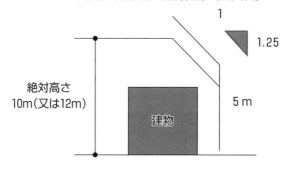

図表4-14　第一種・第二種低層住居専用地域、
田園住居地域の北側斜線（断面図）

定されているものを除く。以下この号及び第七項第三号において同じ。）内にお
いては、当該部分から前面道路の反対側の境界線又は隣地境界線までの真北方向
の水平距離に一・二五を乗じて得たものに、第一種低層住居専用地域、第二種低
層住居専用地域又は田園住居地域内の建築物にあつては五メートルを、第一種中
高層住居専用地域又は第二種中高層住居専用地域内の建築物にあつては十メート
ルを加えたもの

　なお、北側斜線制限、道路斜線制限、隣地斜線制限については、建築基
準法56条7項で定める「天空率」による緩和制度が適用可能です。
　天空率とは、建物に遮られることなく空の見える割合がどのくらいある
かで判断する基準で、斜線制限を超える建物でも、天空率の検討で基準を
満たすことができれば建築が可能となります。

建築基準法56条7項〔天空率〕

　7　次の各号のいずれかに掲げる規定によりその高さが制限された場合にそれぞれ
当該各号に定める位置において確保される採光、通風等と同程度以上の採光、通
風等が当該位置において確保されるものとして政令で定める基準に適合する建築

物については、それぞれ当該各号に掲げる規定は、適用しない。
- 一　第一項第一号、第二項から第四項まで及び前項（同号の規定の適用の緩和に係る部分に限る。）　前面道路の反対側の境界線上の政令で定める位置
- 二　第一項第二号、第五項及び前項（同号の規定の適用の緩和に係る部分に限る。）　隣地境界線からの水平距離が、第一項第二号イ又はニに定める数値が一・二五とされている建築物にあつては十六メートル、第一項第二号イからニまでに定める数値が二・五とされる建築物にあつては十二・四メートルだけ外側の線上の政令で定める位置
- 三　第一項第三号、第五項及び前項（同号の規定の適用の緩和に係る部分に限る。）　隣地境界線から真北方向への水平距離が、第一種低層住居専用地域、第二種低層住居専用地域又は田園住居地域内の建築物にあつては四メートル、第一種中高層住居専用地域又は第二種中高層住居専用地域内の建築物にあつては八メートルだけ外側の線上の政令で定める位置

⑤　高度地区による制限

　高度地区とは、建築基準法第58条に基づき、各自治体がその都市の実情に合わせて建築物の高さの制限について定める制度です。

　東京都や横浜市では、高度指定については独自の条例があります。

　たとえば、東京都の場合は、以下のように第一種高度地区から第三種高度地区まで3種の北側斜線制限のほか、建物高さの最低限度・最高限度についての絶対高さ制限も細かく指定されており、より複雑で厳しい制限がかされることがあります（図表4-15）。

　なお、高度地区については建築基準法58条に規定されており、天空率による高さ制限の緩和が適用されないことに注意が必要です。

建築基準法58条1項（高度地区）

　高度地区内においては、建築物の高さは、高度地区に関する都市計画において定められた内容に適合するものでなければならない。

図表4-15　東京都の高度指定（断面図）

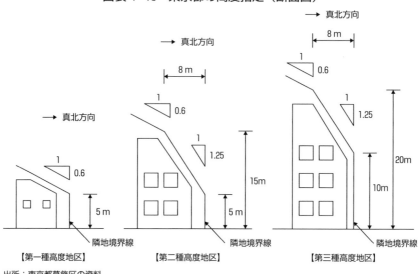

出所：東京都葛飾区の資料

8）日影規制

　「日影規制」について説明をします。この規制は、建物を建築した場合でも、近隣の建物に対して日照を一定時間確保するように設けられた規制です。具体的には、冬至の日に、敷地境界線から一定の範囲において、平均地盤面から一定の高さで一定時間以上の日照が確保できるように設計をすることを求めている規制です。

　たとえば、「○○m、○○時間/○○時間とされているときは、平均地盤面から用途地域ごとに指定された一定の高さにおいて、敷地境界線から5mを超え10m以内の範囲では○○時間、10mを超える範囲では、○○時間以上は日が当たるような計画とする」内容になります。

　前述のように、用途地域が商業地域や工業地域であっても隣接している

土地で日影規制が設定されているときは、建築に際して日影規制の制約を受けます。

　なお、日影規制の制約を受ける建物は、「軒高7メートル超または地上階数3階以上」または「高さ10m超」等の建物であることが定められています。そのため、2階建て建築まではこの制約を受けることは少ないと思われます（もちろん、2階建てでも軒高が高い等の場合には制約を受けることもあるでしょう）。

　日影の規制については建築基準法56条の2で規定されています。

建築基準法56条の2第1項（日影による中高層の建築物の高さの制限）

　別表第四（い）欄の各項に掲げる地域又は区域の全部又は一部で地方公共団体の条例で指定する区域（以下この条において「対象区域」という。）内にある同表（ろ）欄の当該各項（四の項にあつては、同項イ又はロのうちから地方公共団体がその地方の気候及び風土、当該区域の土地利用の状況等を勘案して条例で指定するもの）に掲げる建築物は、冬至日の真太陽時による午前八時から午後四時まで（道の区域内にあつては、午前九時から午後三時まで）の間において、それぞれ、同表（は）欄の各項（四の項にあつては、同項イ又はロ）に掲げる平均地盤面からの高さ（二の項及び三の項にあつては、当該各項に掲げる平均地盤面からの高さのうちから地方公共団体が当該区域の土地利用の状況等を勘案して条例で指定するもの）の水平面（対象区域外の部分、高層住居誘導地区内の部分、都市再生特別地区内の部分及び当該建築物の敷地内の部分を除く。）に、敷地境界線からの水平距離が五メートルを超える範囲において、同表（に）欄の（一）、（二）又は（三）の号（同表の三の項にあつては、（一）又は（二）の号）のうちから地方公共団体がその地方の気候及び風土、土地利用の状況等を勘案して条例で指定する号に掲げる時間以上日影となる部分を生じさせることのないものとしなければならない。ただし、特定行政庁が土地の状況等により周囲の居住環境を害するおそれがないと認めて建築審査会の同意を得て許可した場合又は当該許可を受けた建築物を周囲の居住環境を害するおそれがないものとして政令で定める位置及び規模の範囲内において増築し、改築し、若しくは移転する場合においては、この限りでない。

9）設計を考えるときのその他の留意事項

　設計計画を考えるときに留意すべき事項がいくつかあります。

　たとえば、建築する建物の用途によっては、居室に一定の採光が入るように設計をすることを求めた「有効採光率」の規定に留意する必要があります。そのほか、隣地から一定の範囲内に建物を建てるときには、防火上一定以上の性能がある建材を使うことを定めた防火指定などもあります。

①　有効採光率

　この中で、「有効採光率」とは、居室等について窓などから有効な採光を採ることができるように定めた基準です。居室等については単に窓があるだけでなく、一定の採光や通風を採ることができないと衛生的ではありませんし、快適に暮らすことも困難です。まして窓がない部屋を居室とすることは問題です。

　もっとも、有効に採光を採ることができる居室と連続する居室については、2室採光が認められています。たとえばリビングルームの隣にあって、一体的な利用が可能な居室は、それ自体に窓がなくても、リビングルームの窓からその部屋の面積をまかなう採光を採ることができれば建築確認を取得することは可能です（図表4-16）。

図表4-16　建築基準法56条の2第1項「別表第4」

	（い）	（ろ）	（は）	（に）	
	地域又は区域	制限を受ける建築物	平均地盤面からの高さ	敷地境界線からの水平距離が十メートル以内の範囲における日影時間	敷地境界線からの水平距離が十メートルを超える範囲における日影時間
一	第一種低層住居専用地域、	軒の高さが七メートル	1.5m	（一）　三時間（二時間）	二時間（一・五時間）

	第二種低層住居専用地域又は田園住居地域	を超える建築物又は地階を除く階数が三以上の建築物		（二）	四時間（三時間）	二・五時間（二時間）
				（三）	五時間（四時間）	三時間（二・五時間）
二	第一種中高層住居専用地域又は第二種中高層住居専用地域	高さが十メートルを超える建築物	4ｍ又は6.5ｍ	（一）	三時間（二時間）	二時間（一・五時間）
				（二）	四時間（三時間）	二・五時間（二時間）
				（三）	五時間（四時間）	三時間（二・五時間）
三	第一種住居地域、第二種住居地域、準住居地域、近隣商業地域又は準工業地域	高さが十メートルを超える建築物	4ｍ又は6.5ｍ	（一）	四時間（三時間）	二・五時間（二時間）
				（二）	五時間（四時間）	三時間（二・五時間）
四	用途地域の指定のない区域	イ	軒の高さが七メートルを超える建築物又は地階を除く階数が三以上の建築物	1.5ｍ	（一）| 三時間（二時間）| 二時間（一・五時間）
					（二）| 四時間（三時間）| 二・五時間（二時間）
					（三）| 五時間（四時間）| 三時間（二・五時間）
		ロ	高さが十メートルを超える建築物	4ｍ	（一）| 三時間（二時間）| 二時間（一・五時間）
					（二）| 四時間（三時間）| 二・五時間（二時間）
					（三）| 五時間（四時間）| 三時間（二・五時間）

※（　）内の日影時間は北海道地区のみ適用される。

採光に必要な開口部面積
　　＝有効採光面積÷居室床面積≧1/5、1/7、1/10（用途により異なる）

有効採光面積＝開口部面積×採光補正係数

なお、建築基準法では採光については次のように規定しています。

建築基準法28条（居室の採光及び換気）

　　　住宅、学校、病院、診療所、寄宿舎、下宿その他これらに類する建築物で政令
　　で定めるものの居室（居住のための居室、学校の教室、病院の病室その他これら
　　に類するものとして政令で定めるものに限る。）には、採光のための窓その他の
　　開口部を設け、その採光に有効な部分の面積は、その居室の床面積に対して、五
　　分の一から十分の一までの間において居室の種類に応じ政令で定める割合以上と
　　しなければならない。ただし、地階若しくは地下工作物内に設ける居室その他こ
　　れらに類する居室又は温湿度調整を必要とする作業を行う作業室その他用途上や
　　むを得ない居室については、この限りでない。
　2　居室には換気のための窓その他の開口部を設け、その換気に有効な部分の面積
　　は、その居室の床面積に対して、二十分の一以上としなければならない。ただし、
　　政令で定める技術的基準に従つて換気設備を設けた場合においては、この限りで
　　ない。
　3　別表第一（い）欄（一）項に掲げる用途に供する特殊建築物の居室又は建築物
　　の調理室、浴室その他の室でかまど、こんろその他火を使用する設備若しくは器
　　具を設けたもの（政令で定めるものを除く。）には、政令で定める技術的基準に
　　従つて、換気設備を設けなければならない。
　4　ふすま、障子その他随時開放することができるもので仕切られた二室は、前三
　　項の規定の適用については、一室とみなす。

図表４-17　（断面図）

有効採光面積＝開口部面積×採光補正係数

採光補正係数について

　　　　住居系地域：D/H×６ −1.4

　　　　工業系地域：D/H×８ − 1

　　　　商業系地域：D/H×10− 1

採光補正係数のイメージ

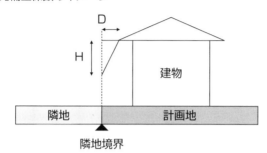

② 　階段

　古い建物のなかには、傾斜が急な階段が設けられていることがあります
が、建築基準法では建物の用途ごとに、階段の蹴上や踏面についての規定
があります。そのため、特に敷地面積が狭いケースでは、階段部分にかな
りの面積を費やしてしまう場合もあることを知っておきましょう。

　図表４-18にその概要をまとめましたので、ご参照ください。

図表4-18　階段についての規制の概要

階段の種類		階段と踊り場の幅	蹴上げ	踏面	踊り場の位置
1	小学校	140cm以上	16cm以下	26cm以上	高さ3m以内ごと
2	中学校、高等学校、中等教育学校	140cm以上	18cm以下	26cm以上	
	劇場、映画館、公会堂、集会所等				
	物販店舗で床面積の合計が1500m²を超えるもの				
3	直上階の居室の床面積が200m²を超える地上階用	120cm以上	20cm以下	24cm以上	高さ4m以内ごと
	居室の床面積の合計が100m²を超える地階または地下工作物内				
4	住宅（共同住宅の共用階段を除く）	75cm以上	23cm以下	15cm以上	
5	1～4以外の階段	75cm以上	22cm以下	21cm以上	
6	屋外階段　直通階段	90cm以上（4・5を除く）	蹴上げ、踏面、踊り場の位置は、それぞれ1～5の規定による		
	その他の階段	60cm以上			

③　特殊建築物についての避難や消火設備

　特殊建築物とは、不特定多数の人が利用し、周辺への影響も大きい建築物として、建築基準法で一般の建築物よりも強い制限が課せられる建築物をいいます。これらに対しては、万が一の際に避難をするための施設である廊下や階段などのほか、政令で定める水準を満たす消火施設や排煙設備

などを設けなければなりません。そのほか、敷地内の避難通路や消火上必要な通路についても各種定めがあることに注意が必要です。

　この点についても、建築基準法の規定を見てみましょう。

建築基準法35条（特殊建築物等の避難及び消火に関する技術的基準）

> 　別表第一（い）欄（一）項から（四）項までに掲げる用途に供する特殊建築物、階数が三以上である建築物、政令で定める窓その他の開口部を有しない居室を有する建築物又は延べ面積（同一敷地内に二以上の建築物がある場合においては、その延べ面積の合計）が千平方メートルをこえる建築物については、廊下、階段、出入口その他の避難施設、消火栓、スプリンクラー、貯水槽その他の消火設備、排煙設備、非常用の照明装置及び進入口並びに敷地内の避難上及び消火上必要な通路は、政令で定める技術的基準に従つて、避難上及び消火上支障がないようにしなければならない。

④　防火指定

　防火地域や準防火地域に指定されている場所で建物を建てるときは、延焼のおそれのある部分（道路中心線や隣接境界線、同一敷地内の建物外壁同士の中心線等から一定の範囲内）には一定以上の耐火性が必要となるほか、建物の窓や扉等外壁開口部についても一定の防火性能を持ったものを設置することが求められています。

　土地の分割により敷地面積が狭くなると、分割地内での建築計画に一定の制約を及ぼす可能性もあるので、こうした規定があることも知っておくべきでしょう。

建築基準法61条（防火地域及び準防火地域内の建築物）

> 　防火地域又は準防火地域内にある建築物は、その外壁の開口部で延焼のおそれのある部分に防火戸その他の政令で定める防火設備を設け、かつ、壁、柱、床その他

の建築物の部分及び当該防火設備を通常の火災による周辺への延焼を防止するために これらに必要とされる性能に関して防火地域及び準防火地域の別並びに建築物の 規模に応じて政令で定める技術的基準に適合するもので、国土交通大臣が定めた構 造方法を用いるもの又は国土交通大臣の認定を受けたものとしなければならない。 ただし、門又は塀で、高さ二メートル以下のもの又は準防火地域内にある建築物（木 造建築物等を除く。）に付属するものについては、この限りでない。

建築基準法 2 条 1 項 6 号〔延焼のおそれのある部分〕

六　延焼のおそれのある部分　隣地境界線、道路中心線又は同一敷地内の二以上の 建築物（延べ面積の合計が五百平方メートル以内の建築物は、一の建築物とみな す。）相互の外壁間の中心線（ロにおいて「隣地境界線等」という。）から、一階 にあつては三メートル以下、二階以上にあつては五メートル以下の距離にある建 築物の部分をいう。ただし、次のイ又はロのいずれかに該当する部分を除く。（以 下略）

図表 4 -19　（断面図）

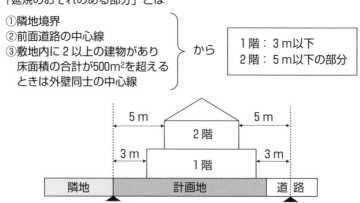

10）条例や建築協定（1）　路地状敷地の制限

　建築に際し、建築基準法や都市計画法以外に、地方自治体が定めた条例や地域で定めた建築協定による制約を受けることもあります。

　特に、東京や横浜などの大都市部では、条例により建築基準法よりも厳しい規制が課されている場合があります。前述の「高度指定」などのほか、「路地状敷地」についての制限や集合住宅を建築する場合に道路幅員等の一定の制限がかけられていますので、その概要について説明します。

①　路地状敷地の制限

　建築基準法では、道路に2m接道していれば建物を建設することが可能となっています。そのため、理論上は路地の奥行きが数十mに及ぶようなケースでも路地の幅員が2mあればその土地では建設は可能となります（もちろん、車両や機械なども入らないため、建設コストは高くなります）。

　筆者が知っているケースでも、千葉県内で相続税の物納をした例で、路地部分の幅員が2mで、奥行きは50mを超えるような分割をした事例を見たことがあります。しかしながら、不動産の価値という観点から考えると、そのような形状の土地は価値も著しく低くなるはずです。

図表 4 -20　（平面図）

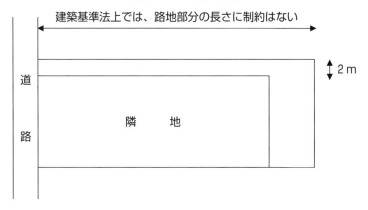

建築基準法上では、路地部分の長さに制約はない

道

路

隣　　　地

‡ 2 m

② 路地状敷地に係る東京都建築安全条例による制約

東京都建築安全条例では、図表4 -21のように路地部分の奥行きにより必要な幅員が決められています。横浜市建築基準条例にも同様の規定があります。

図表 4 -21　東京都建築安全条例 3 条

敷地の路地状部分の長さ	幅員
20m 以下のもの	2 m
20m を超えるもの	3 m

11）条例や建築協定（2）　集合住宅の建築

大都市部を中心に、集合住宅の建築については一定の制約を置いていることがあります。建物が密集して建っていると、火災等が発生すると避難の際に支障が生じる可能性があるためです。

　こうしたことから、たとえば、東京都建築安全条例では共同住宅の建築に際しては二方向避難を原則としていますし、路地状敷地においても一定の制約を置いています。以下ではこの2点について説明します。

①　共同住宅の建築に係る東京都建築安全条例による制約

　上述のように、東京都建築安全条例では、共同住宅の建築する場合、「二方向避難」を原則としています。すなわち、各住戸の玄関方向以外に、別の方向に避難することができるようにしています。

　この「別の方向の避難」ですが、図表4-22のように玄関側（主たる避難方向）以外に、もう1つの避難方向である窓が道路に直接面しているときは特に問題がありません。すなわち、何らかの理由で主たる避難方向から逃げることができないときは、窓から道路に避難することが可能となります。

　一方で図表4-24のように、道路が一方向しかないときで、主たる避難方向から逃げることができないときは、窓から出て、建物と隣地との間の空間から道路方向に逃げることになります。この建物と隣地との間の空間のことを「窓先空地」と呼んでいます。

　なお、窓先空地の幅は、建物の構造と床面積（なお、直接道路に面する住戸の面積は除く）により、図表4-25のように規定されています。

　なお、図表4-22のように、部屋が道路に面しているときでも、道路と建物の敷地に一定以上の高低差（敷地が道路よりも高いときは2m以上の高低差があるとき、敷地が道路よりも低いときは1.1m以上の高低差があるとき）があれば、避難に支障があるとみなされ、敷地内に窓先空地を設けることもあります（図表4-23）。

図表4-22　二方向道路の立地（平面図）

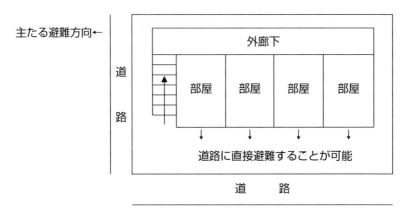

図表4-23　（断面図）

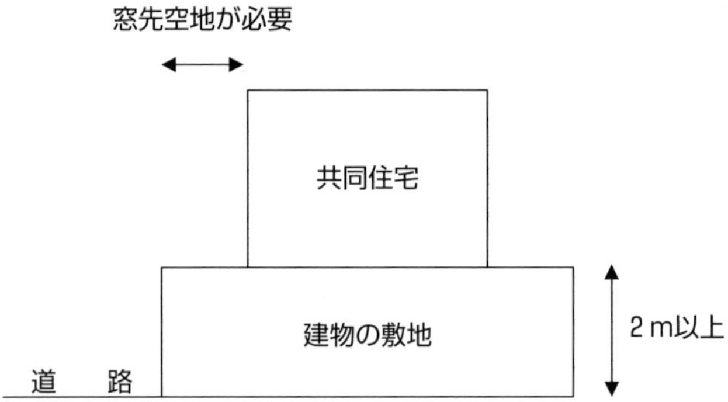

図表 4 -24　（平面図）

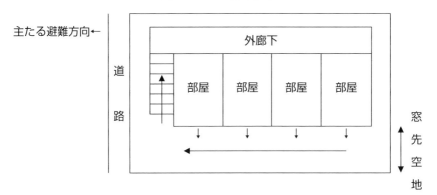

図表 4 -25　東京都建築安全条例19条
構造別・床面積別窓先空地の幅員

窓先空地の幅員	耐火建築物	非耐火建築物
1.5 m	200m²以下	100m²以下
2 m	200〜600m²	100〜300m²
3 m	600〜1000m²	300〜500m²
4 m	1,000m²超	500m²超

② 路地状敷地における共同住宅建築の制約

　東京都建築安全条例10条では、路地状敷地においては共同住宅の建設をすることが原則禁止されています。もっとも、他の建築の要件を満たせば一定規模以下の共同住宅及び「長屋」の建築は可能です。そのため、第一種低層住居専用地域で敷地面積もあまり大きくない場所であれば特段の問題はありませんが、高層建築が可能な立地では大きな障害となる可能性があります。

　図表 4 -26の例では共同住宅は階段や廊下が共用部分となります。これ

図表4-26　共同住宅と長屋（平面図）

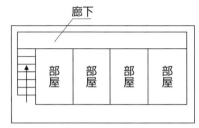

図表4-27

建物の状況	幅員
主要な出入口が道路に面しない住戸部分の床面積の合計が300m²を超える（主要な出入口が道路に接しない住戸の床面積がいずれも40m²を超えるときは400m²）、または主要な出入口が道路に面しない住戸が10を超えるとき	3 m
上記以外の場合	2 m

　に対して長屋は、4戸の建物で構成されていますが、敷地上側の通路から各部屋に直接入ることができます。

　長屋の通路の幅員については、東京都建築安全条例5条で図表4-27のように規定しています。

　また、東京都建築安全条例5条では、長屋の場合も、主要な出入口を除く開口部から道路に避難するための通路の幅員を50cm以上確保することが求められています。

　そのほか、大阪府建築基準法施行条例では、長屋の通路の幅員を3m以上とすることを求めています。

　なお市町村の条例に基づく制限については、建築基準法68条の2に規定されています。

　そのほか、建物のメインエントランスが道路に面していないときは、メ

インエントランスに至るまでの通路についても、建物の面積に応じて一定
の幅員が必要とされています。

12）特殊建築物についての制約

　建築基準法2条2号では、特殊建築物は、「学校（専修学校及び各種学
校を含む。以下同様とする。）、体育館、病院、劇場、観覧場、集会場、展
示場、百貨店、市場、ダンスホール、遊技場、公衆浴場、旅館、共同住宅、
寄宿舎、下宿、工場、倉庫、自動車車庫、危険物の貯蔵場、と畜場、火葬
場、汚物処理場その他これらに類する用途に供する建築物をいう。」と定
義づけしています。ところで、東京都建築安全条例9条では、特殊建築物
の規定が適用される建築物の範囲を定めており、それは法令における特殊
建築物とは必ずしも一致していないことに注意が必要です。東京都建築安
全条例における特殊建築物についての接道要件については、同条例10条の
3で次のように定めています。

図表4-28　東京都建築安全条例10条の3

延床面積	接道の長さ
500m²以下	4m以上
500m²を超え1,000m²以下	6m以上
1,000m²以上2,000m²以下	8m以上
2,000m²以上	10m以上

　なお、延床面積が3,000m²超で高さが15mを超える建築物については、
同条例4条2項により幅員6m以上の道路に10m以上接道していること
が求められます。

　そのほか、路地状敷地のみで接道している土地では、次の①〜④以外の
特殊建築物を建築することはできません。

① 路地状部分の幅員が10m以上で、かつ敷地面積が1,000m²未満である建築物

② 3階以下で、延べ面積が200m²以内かつ12戸以内の共同住宅で路地状部分の長さが20m以下であるもの

③ 公衆浴場又は工場（作業場の面積が50m²超）又は自動車修理工場で、路地部分の幅員が4m以上かつ路地部分の長さが20m以下のもの

④ 建築物の周囲の空地の状況その他土地及び周囲の状況により知事が安全上支障がないと認める建築物

建築基準法68条の2（市町村の条例に基づく制限）

> 市長村は、地区計画等の区域（地区整備計画、特定建築物地区整備計画、防災街区整備地区整備計画、歴史的風致維持向上地区整備計画、沿道地区整備計画又は集落地区整備計画（以下「地区整備計画等」という。）が定められている区域に限る。）内において、建築物の敷地、構造、建築設備又は用途に関する事項で当該地区計画等の内容として定められたものを、条例で、これらに関する制限として定めることができる。
>
> 2　前項の規定による制限は、建築物の利用上の必要性、当該区域内における土地利用の状況等を考慮し、地区計画、防災街区整備地区計画、歴史的風致維持向上地区計画又は沿道地区計画の区域にあつては適正な都市機能と健全な都市環境を確保するため、集落地区計画の区域にあつては当該集落地区計画の区域の特性にふさわしい良好な居住環境の確保と適正な土地利用を図るため、それぞれ合理的に必要と認められる限度において、同項に規定する事項のうち特に重要な事項につき、政令で定める基準に従い、行うものとする。
>
> 3　第一項の規定に基づく条例で建築物の敷地面積に関する制限を定める場合においては、当該条例に、当該条例の規定の施行又は適用の際、現に建築物の敷地として使用されている土地で当該規定に適合しないもの又は現に存する所有権その他の権利に基づいて建築物の敷地として使用するならば当該規定に適合しないこととなる土地について、その全部を一の敷地として使用する場合の適用の除外に関する規定（第三条第三項第一号及び第五号の規定に相当する規定を含む。）を定めるものとする。

　4　第一項の規定に基づく条例で建築物の構造に関する防火上必要な制限を定める
　　場合においては、当該条例に、第六十五条の規定の例により、当該制限を受ける
　　区域の内外にわたる建築物についての当該制限に係る規定の適用に関する措置を
　　定めるものとする。
　5　市町村は、用途地域における用途の制限を補完し、当該地区計画等（集落地区
　　計画を除く。）の区域の特性にふさわしい土地利用の増進等の目的を達成するた
　　め必要と認める場合においては、国土交通大臣の承認を得て、第一項の規定に基
　　づく条例で、第四十八条第一項から第十三項までの規定による制限を緩和するこ
　　とができる。

13）建築協定

　良好な住環境を維持する目的等により、地域で建築協定が設定されてい
ることがあります。
　建築協定とは、市区町村の建築協定条例に基づき、一定の区域内の権利
者全員の合意により、建築物の構造・用途・形態・意匠などに関する基準
を定める協定となります（建築基準法69条）。

建築基準法69条（建築協定の目的）

　市町村は、その区域の一部について、住宅地としての環境又は商店街としての利
便を高度に維持増進する等建築物の利用を増進し、かつ、土地の環境を改善するた
めに必要と認める場合においては、土地の所有者及び借地権を有する者（土地区画
整理法第九十八条第一項（大都市地域における住宅及び住宅地の供給の促進に関す
る特別措置法第八十三条において準用する場合を含む。次条第三項、第七十四条の
二第一項及び第二項並びに第七十五条の二第一項、第二項及び第五項において同
じ。）の規定により仮換地として指定された土地にあつては、当該土地に対応する
従前の土地の所有者及び借地権を有する者。以下「土地の所有者等」と総称する。）
が当該土地について一定の区域を定め、その区域内における建築物の敷地、位置、
構造、用途、形態、意匠又は建築設備に関する基準についての協定（以下「建築協
定」という。）を締結することができる旨を、条例で、定めることができる。

14)　土地上に複数の建物が建築されているとき

　土地の面積が広い場合には、同一の土地に複数の建築がされていることがあります。このようなときには、それぞれの建物を建てたときの建築確認の内容のチェックするようにしてください。

　建築基準法では、一敷地に建築可能な建物は1つであることが原則とされています。もっとも、この場合の「敷地」は、登記単位ではなく、あくまで建築確認単位で考えることになります。つまり、登記上は1つの土地でも、建築確認上は2つ、あるいは3つの土地になっていることがあります。

　具体的には、一筆の土地であっても、建築確認を提出する際に「敷地分割線」を入れ、その範囲で建物を建てる許可を得ることができるのですが、この敷地分割線は登記されるわけでなく、建築確認申請書以外では出てこない点が厄介な問題を生むことがあります。すなわち、既存の建物の建替えをするときは、その敷地分割線により建築可能な建物が左右されることがあることになるのです。

　図表4-29の例では、一筆の敷地にA棟・B棟・C棟の3棟の建物が建っていますが、通常は、それぞれの建物の建築確認を取る際に、破線で示すような形で土地を分割しています。

　仮に、この状態で、たとえばC棟を建て替えようとすると、路地状敷地による制約を受けることになります。

　なお、稀に、敷地分割線がかなりいびつな形で引かれていることがあります。建築会社が建物を建築する際に、「その建物さえ建築できればよい」という考えにより、土地全体の利用を考慮せずに敷地分割線を設定していることがその原因ですが、このようなケースでは土地内の他の建物を建築するときに影響を受けることもありますし、場合によっては敷地分割線を変えることも視野に入れるべきかもしれません。

図表 4 -29　一筆の土地に複数の建物が存するとき（平面図）

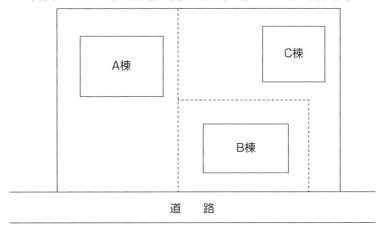

※破線は敷地分割線を表す

　いずれにしても、敷地内に複数の建物が建築されているときは、必要に応じて建築の専門家を入れたうえで対応を考えることも視野に入れるべきだと思います。

① 　**附属建物について**

　建築基準法施行令 1 条 1 号により、「一敷地一建物の原則」がとられています。

建築基準法施行令 1 条 1 号

一　敷地　一の建築物又は用途上不可分の関係にある二以上の建築物のある一団の土地をいう

　この場合の「一敷地」とは必ずしも、登記上で分筆されている必要がな

いことは前述のとおりですが、主たる**建物と用途上不可分の建物についての建築は認められています**。この場合の用途上不可分の建物については、次のようなものを挙げることができます。

　　一戸建て住宅の場合…車庫、物置、納屋、茶室
　　集 合 住 宅 の 場 合…車庫、物置、自転車置場、電気室、管理棟等

②　建築基準法の一団地認定と連担建築物設計制度

「一敷地一建物」の例外的な規定として、建築基準法86条1項で「一団地認定」が、また86条2項で「連担建築物設計制度」の規定があります。

　どちらも、特定行政庁がその位置及び構造が安全上、防火上、衛生上支障がないと認めた建物については、接道義務、容積率や建蔽率の制限、日影規制等が同一敷地内にあるものとして適用されます。

　すなわち、複数の建物を、同一敷地内にあるとみなして建築することができるような制度となっています。たとえば、郊外の巨大団地では、団地内の各棟は必ずしも接道要件を満たしていないこともありますし、団地内の建物相互間では日影規制を満たしていないこともありますが、建築基準法86条1項の一団地認定でそうした建築が許可されています。

　通常の敷地分割では、これらの規定を使う可能性はないと思われますが、一敷地一建物の例外の規定として、このようなものがあることを紹介しておきます。

　なお、建築基準法86条1項と2項の規定を挙げます。

建築基準法86条1項〔一団地認定制度〕

> 　建築物の敷地又は建築物の敷地以外の土地で二以上のものが一団地を形成している場合において、当該一団地（その内に第八項の規定により現に公告されている他

の対象区域があるときは、当該他の対象区域の全部を含むものに限る。以下この項、第六項及び第七項において同じ。）内において建築、大規模の修繕又は大規模の模様替（以下この条及び第八十六条の四において「建築等」という。）をする一又は二以上の構えを成す建築物（二以上の構えを成すものにあつては、総合的設計によつて建築等をするものに限る。（以下略）

建築基準法86条2項〔連担建築物設計制度〕

一定の一団の土地の区域（その内に第八項の規定により現に公告されている他の対象区域があるときは、当該他の対象区域の全部を含むものに限る。以下この項及び第六項において同じ。）内に現に存する建築物の位置及び構造を前提として、安全上、防火上及び衛生上必要な国土交通省令で定める基準に従い総合的見地からした設計によつて当該区域内において建築物の建築等をする場合において、国土交通省令で定めるところにより、特定行政庁がその位置及び構造が安全上、防火上及び衛生上支障がないと認めるときは、当該区域内における各建築物に対する特例対象規定の適用については、当該一定の一団の土地の区域をこれらの建築物の一の敷地とみなす。

3．土地形状や周辺の土地の状況による制約

1）土地の形状による制約

　変形している土地では、土地所有者が希望する建物を建てることが難しいことも少なくありません。たとえば、三角形の土地であったとしても、建物は四角い形状で建てることが通常です。その理由は、三角形の形状の建物は使いにくいことが多いためです（もっとも、建物の規模や利用する用途によっては問題のない可能性もあります）。

　そのほか、「ウナギの寝床」と呼ばれるような細長い形状の土地なども設計が難しいことが少なくありません。

図表4-30　細長い土地の例（平面図）

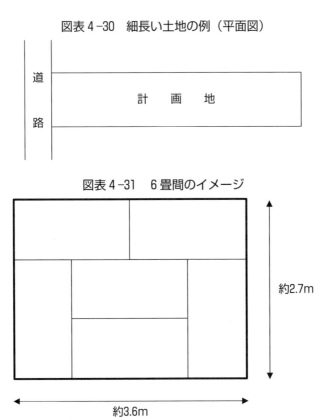

図表4-31　6畳間のイメージ

　間口が狭く細長い土地では設計に制約があることについてはイメージできる人は少なくないと思いますが、たとえば、住宅を建築するときはどの程度の間口が必要でしょうか。これまでも述べたように、北側斜線制限や道路斜線制限、採光計算等、考えなければいけないことはたくさんありますが、とりあえず「間取り」という点だけから考えてみたいと思います。

　土地上に住宅を建設するときは、まずは和室をイメージしていただくとわかりやすいのですが、たとえば「6畳間」で考えてみましょう。すなわ

図表4-32　6畳間＋階段＋廊下を考えたミニマムな例

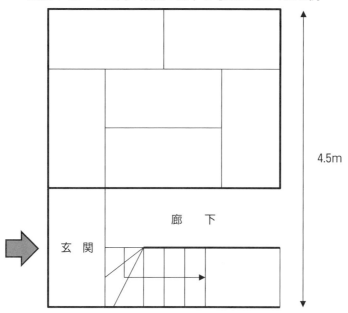

ち、畳を6枚敷く部屋を意味しますが、畳を敷いたイメージは図表4-31のようになります。畳の大きさも関東と関西では異なるようですが、1.8m×0.9mと考えるとすると、6畳間の大きさは3.6m×2.7mとなります。筆者の経験では、部屋の幅が2.7mを切ると、有効な家具レイアウトが難しくなることが多くなるので、和室の感覚で部屋を考えることはリーズナブルだと考えています。

　ところで、建物の計画をするときは、居室以外に、玄関や階段・廊下等もレイアウトすることが必要となります。そこで、仮に部屋の大きさは上述の6畳間をベースに考え、これに廊下や階段及び玄関を含めた間取りを考えてみましょう。

　この場合、廊下や階段にも一定の幅が必要になります。仮に、それぞれ

の幅を0.9mと考えると、少なくとも4.5m（2.7m＋1.8m）くらいの幅が必要となります。これに加えて、民法234条1項の規定をベースに隣接境界線から建物外壁までの空間を50cm以上とることを考えると、壁の厚みを考えなくても、5.7m（現実には壁の厚みも考慮する必要があるためもう少し余裕が必要でしょう）程度以上の間口がないと、ここで述べた建物を建築することができなくなります。

なお、仮に土地上に建設する建物が住宅ではなく店舗等だとすると、店舗のレイアウトも考えて判断をする必要があるでしょう。

2）路地状敷地について

路地状敷地（「旗竿敷地」ともいう）とは、道路から専用の路地を通って宅地に入る形状の土地です。

路地状敷地についても、前述のように東京都では条例によって、路地の奥行と路地部分の幅による制約があることや、路地奥の土地では共同住宅の建築に制約を受ける点についても留意が必要です（本章2．10）参照）。

そのほか、東京都建築安全条例のような制約がないときでも、間口に対して奥行きが長くなりすぎると、不動産の価値も低くなってしまうことにも注意が必要です。

3）敷地内に高低差のある土地

敷地内に高低差があると、建築に際しては余計なコストがかかることが多くなります。土地の状況によって、基礎を高くする等の対応をすることが必要となるためです。

また、一定レベル以上の「切土」や「盛り土」などをするときは、開発行為とみなされて、行政の許認可が必要となることもあるので注意が必要です。

４）隣地との間に高低差があるとき

　最近は大雨によるがけ崩れなどの被害がしばしばニュースになります。隣接地や道路との間に高低差があるときには相応の対応が必要となることがあります。

　まずは、隣接地よりも計画地が高くなっているときは、土留めを作ることになりますが、高低差が一定以上になると単なる土留めではなく「擁壁」の設置が必要となりますし、この擁壁の設置についても行政の許認可が必要となります。もちろん、それなりの費用も発生します。

　街中を歩いていると、ブロックや大谷石の擁壁を見ることもありますが、これらの中には危険なものも多く含まれています。

　仮に、擁壁の設置について行政の許可を取得したうえで設置後に検査を受け、検査済証が交付されているときは特段の注意は不要ですが、そうでない場合には、擁壁部分を行政の指導どおりに作り直すか、あるいは建物の基礎を地中深くに下げる工事が必要となります。具体的には、土が崩れないで安定するときの角度（「安息角」といいます）を隣地境界から立ち上げて、その安息角の内側に建物の基礎が入るような計画（「基礎下げ」といいます）を立てなければいけません（図表4-33）。

　地盤面の高さによっては、地中深く掘り込んで建物の基礎を作ることになるので建築費も割高になります。

　なお、土地の面積が広いときは、隣地から建物を離して建築すればこうした対応をする必要はありません。

　また、基礎下げでなく地中に杭を打つ工法でも対応できますが、こちらもコストはかなりかかることになるでしょう。

　安息角は、土質によって変わります。すなわち、堅い土質のときは角度が大きくなりますし、逆の場合は小さくなります。一般的には切土の場合

図表4-33　検査済証のない擁壁があるときの建築について（断面図）

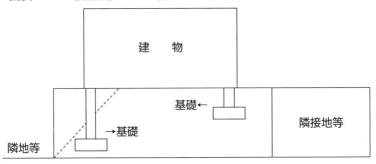

は45度、盛り土の場合は30度などとも言われていますが、前述のように土質によっても異なりますので、具体的な検討をするときは行政の窓口で確認が必要です。

　次に隣接地が計画地よりも高くなっている場合、擁壁が検査済証を取得しているものであれば問題なく建築は可能ですが、そうでないときは、次のいずれかの選択が必要になります。

ⅰ．擁壁の作り替え
ⅱ．防護壁の設置
ⅲ．建物を離して建築

　擁壁は鉄筋コンクリートや間知ブロックなどで作ることが一般的ですが、法令で必要とされる構造計算を行い、水抜きの穴などを適切に配置し、技術水準をクリアしていること等が必要です。たとえば、図表4-34は間知ブロック造の擁壁ですが、水抜きも適切に作られている例です（あくまで概論に過ぎないので、現実には専門家等に確認をすることをお勧めしま

図表4-34　間知ブロック

す）。

　一方で、通常のブロックや大谷石などで作られた擁壁や石積みの擁壁は
問題のあるものが多いと考えてよいでしょう（図表4-35）。

　このうち、擁壁が隣接地のものだとすれば作り替えは隣接地所有者が行
うべきことですが、費用もかかることですから対応してもらえるか否かは
不明です。次に、土地が広ければ建物を離して建築することも可能ですが、
そうでないとすれば、「防護壁の設置」の検討となるでしょう。

　具体的には隣接地の擁壁の上端から安息角を引いてその安息角にあたる

図表4-35　大谷石の擁壁の例

図表4-36　（平面図）

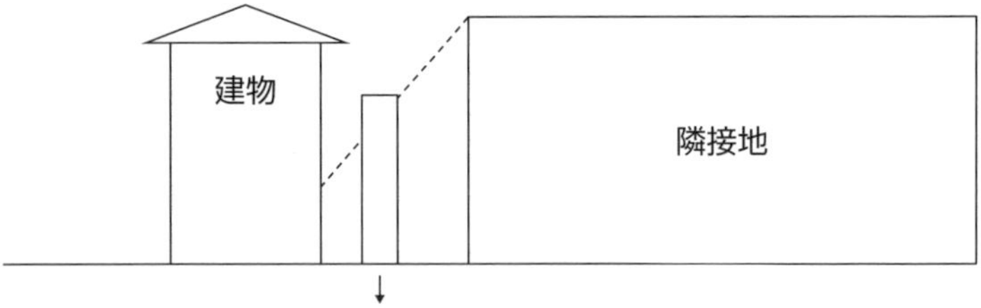

部分までの防護壁を構築する必要があります（図表4-36）。なお、鉄筋コンクリート造の建物のように、堅固な構造の建築物の場合には、特に防護壁を設置しなくても建築をすることは可能となります。

　近年、大雨による土砂災害も頻発していますが、こうしたことを考えても、隣地との高低差の処理は大切であると考えておくべきでしょう。

5）開発許可について

　都市計画法29条では、一定面積以上の開発区域で、建築をするために道路を敷設するとき、あるいは盛り土や切土等の区画形質の変更をするときは、都道府県知事等から開発行為の許可を得ることを求めています。

　この場合の一定面積とは、次のようになっています。

図表 4 -37

都市計画区域	線引き都市計画区域	市街化区域	1,000m²（三大都市圏の既成市街地、近郊整備地帯等は500m²）以上の開発行為（＊）
		市街化調整区域	原則としてすべての開発行為
	非線引き都市計画区域		3,000m²以上の開発行為（＊）
準都市計画区域			3,000m²以上の開発行為（＊）
都市計画区域及び準都市計画区域外			1 ha 以上の開発行為

＊開発許可権者が条例で300m²まで引下げ可

　住宅用地でも面積が広い区画の場合は、開発許可が必要とする面積を超えていることもあります。この場合でも単に住宅を建て替えるだけであれば開発許可の対象にはなりませんが、敷地を分割するときは「区画形質の変更」となる可能性があります。

　そのほか、一戸建て住宅を解体して集合住宅を建築するようなときでも開発許可の対象になることも考えられます。

　いずれにしても、一定以上の面積の土地分割を考えるときは、それぞれの市区において開発要綱の確認をしたうえで、開発許可を必要とする最低

面積のほか、その他の要件についても確認するようにすべきでしょう。

都市計画法29条 1 項

> 　都市計画区域又は準都市計画区域内において開発行為をしようとする者は、あらかじめ、国土交通省令で定めるところにより、都道府県知事（地方自治法（昭和二十二年法律第六十七号）第二百五十二条の十九第一項の指定都市又は同法第二百五十二条の二十二第一項の中核市（以下「指定都市等」という。）の区域内にあつては、当該指定都市等の長。以下この節において同じ。）の許可を受けなければならない。（以下省略）

①　位置指定道路を設置するか開発をかけるべきか

　本章 2 . 2 ）で紹介した位置指定道路（42条 1 項 5 号道路）を設置する際も行政の事前協議や許認可が必要となりますが、都市計画法29条の開発により道路を設置する場合よりは手続きは簡単ですし費用も掛からない可能性が高いと思われます。

　そのため、開発が必要とされる面積以下の土地で道路を設置するときは、位置指定道路とするようになるでしょう。

　なお、位置指定道路を敷設するときでも、公道等と接する部分では「角切り」が必要なほか、原則として「通り抜けできる道路」とすることが求められます。現実に行き止まり道路の形状で、道路を敷設することを禁止している自治体もあります。

　そのほか、一定距離ごとに車周りを設置すること等も求められます。具体的な計画を進めるときは、各自治体に確認をするようにしてください。

②　開発許可の流れ

　開発を進めるときの大雑把な流れを示します（自治体により手続きが若干異なる可能性もあります）。開発の規模や難易度にもよりますが、規模

が大きくない場合でも、事前の調査や準備から完了公告までは１年弱程度
の時間はかかると考えるべきでしょう（ケースによっては数年単位の時間
が必要となります）。

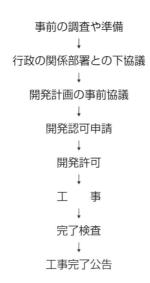

③　古い開発地における留意点

　これまでも述べたように、各自治体の開発指導要綱の面積を超える土地
に道路を入れるときは開発許可が必要となります。ところで、時代によっ
ては開発許可を必要とする面積が現在よりも広かった時期もあるようです
し、中にはかなり大きな開発でも位置指定道路を設置しているケースも散
見されます。

　また、こうした開発の際に、道路を分筆していないケースがあることに
も注意が必要です。

　図表４-38のように、道路が入っている区画も、登記上は道路は分筆さ

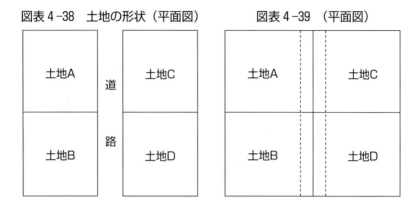

図表4-38　土地の形状（平面図）　　図表4-39　（平面図）

れておらず、図表4-39のように各敷地の土地の一部に道路が入っている
状況でした。

　現実には、登記簿と公図を確認すればわかることですが、念のためこう
した土地もあることは理解しておきましょう。

第5章　事例で土地分割を考える

1．基本的な事例で分割を考える

1）兄弟2人の共有地をどのように分割するか

> 　普通の住宅地の土地の分割についての相談。分割後の土地の価値を極
> 力毀損させないような検討が必要である（第3章1．1）、第4章1.
> 1）関連）。

◇相談時の状況

　図表5-1に示す土地（地積240m²。一種低層、建蔽率50％、容積率100％）
を兄弟2人で共有（持分は各1/2）していたのですが、共有者の一方が土
地上に住宅の建築を考えているため、土地の分割をすることとなりました。
　ただし、間口が狭く奥行きの長い土地であるため、どのように分割をす
べきかについて相談を受けました。

図表5-1　（平面図）

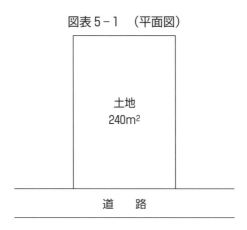

土地
240m²

道　　路

◇具体的な提案

　このような土地の分割方法について検討するときは、図表5-2に示すような分割と、図表5-3のような分割が考えられます。具体的に見てみましょう。

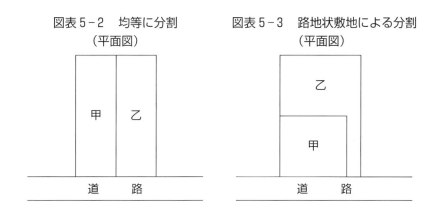

図表5-2　均等に分割　　　　図表5-3　路地状敷地による分割
（平面図）　　　　　　　　　　　（平面図）

　まず、図表5-2の考え方ですが、このように分割すると評価は均等に分割しやすいのですが、分割後の土地はいわゆる「ウナギの寝床」の形状となるため、建築に際して制約を受けます。

　次に、図表5-3の分割ですが、特に東京都内では路地奥の土地については建築の制約を受けることになりますが、それぞれの土地での設計の自由度は高まります。検討の結果この手法による分割を選択することになりましたが、次の問題として分割する土地の配分についても考える必要があります。

　この件については、相続税を計算する際の財産評価基本通達をベースに提案しましたが、税理士の意見を聞いたうえで最終的な分割ラインを提案

することとなりました。

◇まとめ

　ある程度まとまった広さの土地であれば、共有物分割は可能ですが、分割後の土地の活用方法を鑑みた検討は不可欠です。また、遺産分割協議を経て相続登記まで終わっている土地は、共有者の持分も決まっているため、当事者間の合意があっても持分と大きく異なるような分割をすると贈与税等の問題が生じる可能性もあります。

　その意味では、分割後の土地における概略の建築計画とともに、必要に応じて税理士等の税金の専門家の協力も得ることも視野に入れておくべきでしょう。

参考：小規模な土地の分割

　質問のケースは、240m²というある程度まとまった土地の分割でしたが、たとえば、60m²の土地を兄弟2人で相続するようなときはどのように考えればよいでしょうか？

　まず、この土地を30m²ずつに分割をすることは、現実的な選択肢とは思えません。また、共有で相続をしたとしても、いずれ共有物分割が問題になることを考えると、最終的には2つの選択肢のいずれかで対応することになると思われます。

　第一は「換価分割」です。すなわち、相続した土地を売却して、売却益を分割する考え方です。この考え方を採用すると、相続した土地との縁は切れてしまいますし、売却によって得た利益に対しては譲渡所得税・住民税が発生することが留意点ですが、売却益の配分をするため公平に分割をすることは可能となります。

　第二は「代償分割」です。兄弟のうちの一方が土地を相続する代わりに、他方に対して相続分相当の財産を渡す手法です。もっとも、代償分割は代わりに渡す財産がなければ採用することは困難です（代償分割については、第3章1．3）で詳しく説明しています。相続人の1人に予算的に余裕があるときは有効な分割手法の1つであると思いますので、遺産分割の際には検討事項の1つとされることをお勧めします）。

　以上のように、それぞれの手法について十分に理解したうえで、それぞれにとって最適な手法を選択すべきでしょう。

2）分割後の土地利用を視野に入れる必要性

> 　路地状敷地などでは建築が制約されることがあるので、こうしたことを踏まえた検討が必要である（第4章1．10）関連）。

◇相談時の状況

　1．1）の事例に類するケースです。相続に際して兄弟2人で実家の建っていた土地を相続したものの、それぞれが持ち家を所有していたため、古くなった実家を取り壊したうえで分割して相続をすることとしました。なお、相談者は「自分が生まれ育った土地なので、賃貸住宅でも建てて維持をしたい」と考えていましたが、相談者の兄弟は「自分が相続した土地は売却して、住宅ローンを返済したい」と考えていたので、図表5−4のように、他の兄弟が売りやすい「土地A」を取得し、相談者は土地Bを取得することとして遺産分割協議がされ、土地が分筆され相続登記も終了していました。
　その後、土地Bに建築する賃貸住宅についての相談を受けることとな

図表5-4　（平面図）

りました。

◇このケースの問題点

　1. 1）は、遺産分割前に相談を受けた事案でしたが、この事案は遺産分割後一定期間が経過した後に土地活用の相談を受けたものです。

　相談の対象となった土地は東京都内であったため、東京都建築安全条例の制約を受けていました。同条例では、路地状敷地においては、共同住宅の建築にかかる制約が大きくなります。そのため、「長屋」形式の建築をすることとなりました。

　間口が狭く奥行きが長い土地を分割しようとすると、図表5-4のような形状で計画を進めることがリーズナブルであることが少なくありません。そしてこのような場合で、一方が土地の売却を希望し、他方は土地の活用を検討しているときは、売却を希望する側は売りやすい道路側の土地（この場合では土地A）を取得し、活用を希望する側は奥の土地（この場合では土地B）を取得することが多くなります。

　ところで、建築基準法では奥の土地の路地の幅員が2m以上あれば建物の建築をすることは可能ですが、条例で建築基準法よりも厳しい制約を

設けているケースがあります。また、条例により道路の奥行によって路地部分の幅員も変わってくることがある点などに、注意が必要です。

　相談の事例は、計画地が低層住宅しか建築できない土地（具体的には第一種低層住居専用地域）であったため、長屋しか建てることができないことによる問題は大きくありませんでしたが、そうでないときは、土地のポテンシャルを活かすことができなかった可能性があります。

　こうしたことからも、「建築」というスタンスで分割線を考えることの重要性を認識できるのではないでしょうか。

2．テーマごとに分割を考える

1）二次相続まで鑑みた分割

　相続税軽減目的と土地活用による住宅の建替えを希望して、賃貸併用住宅の建築を希望された顧客に対して、二次相続まで踏まえた遺産分割対策、納税対策等を踏まえ、住宅と賃貸住宅を別々に建築するとともに、処分できる土地を一部残す手法を提案した事例（第3章2．5）関連）

◇相談時の状況

　人気地区の住宅地内で、480m²の土地（所在地の用途地域は第一種低層住居専用地域で建蔽率は50％、容積率は100％でした）上に古い屋敷が建っていたのですが、建物の老朽化に伴い、住宅の建替えを希望されていました（図表5-5）。

　ところで、土地所有者は、住宅を建て替えるための金銭的な余裕がなかったので、全額借入金で賃貸併用住宅を建築したうえで、賃貸住宅部分の収

図表5-5 （平面図）

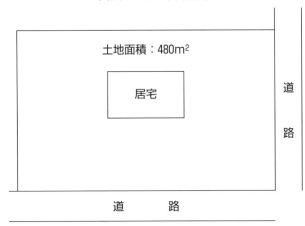

土地面積：480m²

居宅

道路

道　路

　入で自宅部分の借入れの返済もまかなうことを希望されていました。この
事案は、立地にも恵まれていたため家賃相場も高く、容積率は100％と制
約はあったものの土地面積が広いため、全額借入金で建築をしても住宅部
分の返済を含めて借入金は余裕で返済できるだけの計画が問題なく建築で
きる場所でした。しかしながら、土地の評価額はかなりの額になることか
ら、土地所有者の相続が発生したときにはまとまった額の相続税が発生す
ることが予想されました。

　さて、相続発生時には、建物は固定資産税評価額で評価され、更に建物
が貸家であるときは建物の評価が3割減じられます。そのため、借入金の
債務残高が建物の評価よりも高いときはその差額分が他の資産の評価から
減じられます。こうしたことから、借入金により賃貸住宅の計画を立てる
ことも少なくありません（第1章2．の事例2参照）。

　ところで、家賃収入で住宅部分の借入金の返済をまかなうだけなら、容
積率の半分ほどを使った計画で十分なのですが、以上の理由から相続税の

図表 5 - 6 　（平面図）

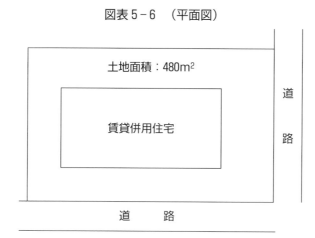

軽減を図ることも視野に入れ、全額借入金で容積率を目いっぱい使った計画を建設会社から推奨されていました。

　しかしながら、この場合、借入額も多くなるので土地所有者の子供が計画に不安を感じたため、計画の可否についての助言を求められました（図表5-6）。

◇**具体的な提案**

　このケースで問題なのは、土地の評価が高いため、全額借入金で容積率いっぱいの計画をしたとしても一定の相続税が発生することが想定されたことです。また、相続の際に控除される債務は、その時点の債務残高と建物の評価額の差額ですから、建物の竣工後時間が経過すると控除できる債務は減ってしまいます（第1章2．の事例2を参照）。こうしたなかで、相談者に細かくヒアリングをしたところ、相談者には金銭的な余裕があまりないので、相続税の納税は困難であるということでした。

　なお、土地所有者の家族構成は次のような状況でした。

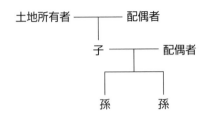

　土地所有者の立場から見ると最終的には1人の子供に財産が集約されることになるのでこの計画でも問題はないように思えますが、次の代（土地所有者の孫）までの承継を考えると、単棟のアパート併用住宅の建築が必ずしも最適の活用手法とは考えられない状況でした。

　そこで、土地を2つに分割したうえで、一戸建て住宅と賃貸住宅を1棟ずつ建築する案を提案しました（図表5-7）。

　相談時の土地評価を考えると、この計画でも相続税は発生しますが、最悪の場合は土地を一部売却することで納税することも可能となります。

　また孫の代への相続についても、この考え方であれば、一方は自宅を相

図表5-7　（平面図）

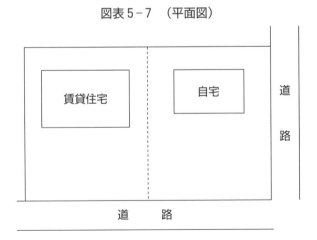

続することができ、他方は賃貸住宅を相続することが可能となります。相談者には比較検討のうえ、この考え方を採用していだきました。

　なお、将来的に地価が上がると相続税の納税額も増えるので、土地の一部を売却することで納税が可能か否かも試算しましたが、対応は可能であることが確認できました。

◇まとめ

　この事案は、計画後に地価が下落する中で相続税評価も下がったことに加え、賃貸住宅事業も収益性が極めて良かったので、相続発生時に土地を売却せずに相続税を納税することが可能となりました。その意味では、賃貸併用住宅を建築したとしても事業上は何の問題もなかったものと思われます。

　ただし、仮に地価が下がりきる前に相続が発生していれば、ある程度まとまった相続税が発生していたはずです。加えて、計画時点では「孫の代までの相続」等はずいぶん先のことのように思えましたが、実際には20年くらいの期間はあっという間です。現時点では、二次相続も発生しているため、相談者には今でもこの建築計画には満足していただいています。

　最近は相続対策で土地活用をするときに、「遺産分割」を視野に入れた計画をすることが増えています。ただし、この場合も「目先」の遺産分割を考える傾向が強く、中期的な視野で判断をしないことが少なくありません。

　この場合における「中期的な視野」とは、本件のケースで考えると、「孫の代までの資産承継」となります。

2）「接道」に制約がある土地

> 　面積の大きな路地状敷地の活用の相談。計画地内にあった土地の一部売却をする前に、専門家を含め、土地全体の活用の青写真を作っていればいろいろな対応もできたのであるが、活用の選択肢が狭まってしまった例（第4章1．1）、2．10)、3．5）関連）

◇相談時の状況

　図表5-8のように、東京都下に存する道路から幅員4mの路地状敷地で接道している1,600m²の土地の活用にかかる相談を受けました。

　もともとは、隣地Aと隣地Bも含めた2,000m²の土地でしたが、相続が発生したときに、売りやすいところから土地を売却してしまったために、路地奥に1,600m²の土地が残ってしまったという事案でした。

　なお、相談者（土地所有者）は、1,600m²の土地が残っても路地奥では

図表5-8　相談時の状況（平面図）

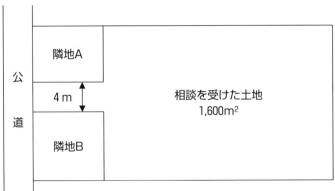

図表5-9　相談者が描いていたイメージ（平面図）

使いにくいことはわかっていたので、図表5-9のように将来的に敷地内に道路を入れることを想定して路地部分の幅員を4mとしていたそうです。建築基準法で、道路は最低でも4m以上の幅員を確保しなければいけない旨が規定されていることを知っていたことによります。

◇具体的な対応

　結論から言うと、相談者が考えていたように隣地Aと隣地Bの間に道路を入れて後背地を活用することができませんでした。なぜでしょうか。

　まず、**この土地の所在地を管轄する市では、1,600㎡の広さの土地の区画形質の変更は「開発行為」であるとみなされていました。**敷地内に道路を入れることは、「区画形質の変更」となるため、所轄の行政の開発指導要綱に従って開発をすることが必要となります。

　筆者が知る限りでは、開発指導要綱等では、道路の幅員についても4mでよいとする事例はなく、たとえば「5m以上とする」等と指定されています。そのほか、公道との接続部分は「角切り」をすることも求められ

図表5-10 提案（平面図）

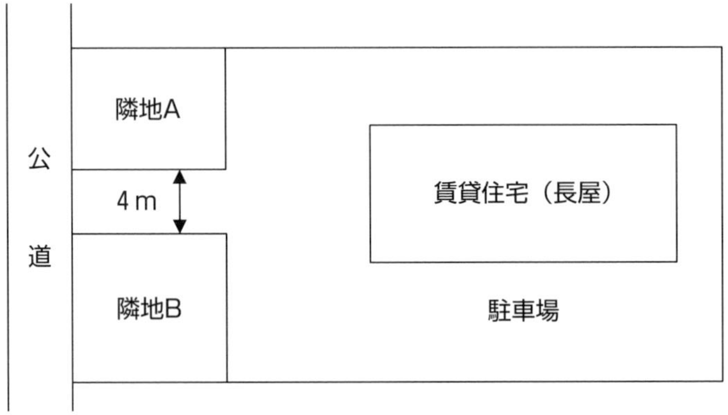

ることが通常です。

　この土地を所轄する行政の開発指導要綱では、道路の幅員は5m以上、隔切りについても各辺1mのものが求められていましたので、開発道路を入れようとすると、隣地AやBから土地を買い戻す必要がありましたが、それぞれの土地所有者は計画地の容積率をフルに使って建物を建築していたため、土地の買戻しもできなかったので、計画地の中で集合住宅を建築する程度の提案しかできない状況でした（この土地は東京都内であるため、東京都建築安全条例により、一定の面積を超えるときは長屋形式の集合住宅しか建築することはできません）。

◇まとめ

　相談者の方は、インターネット等で建築や不動産についての一定の知識を持っていたため、敷地内に道路を入れないと、残った土地が使いにくくなることは理解していました。また、道路の幅員は4m以上必要であることも認識していたため、あえて路地部分の幅員で4mが確保できるよ

うにした土地の分割を行っていたようですが、さすがに開発指導要綱等に
ついてまでの発想がなかったことによる失敗事例です。

　早い時点で建築の専門家を含めた相談をしていれば対応が可能だったか
もしれません。

3）予め私道を敷設した計画

> 　広い土地を分割するときの相談。敷地内道路を敷設することで、分割
> 後の土地の価値を高めた事例である（第2章1．2）、第3章1．1）、
> 第4章2．2）及び3．5）関連）。

◇相談時の状況

図表 5-11　（平面図）

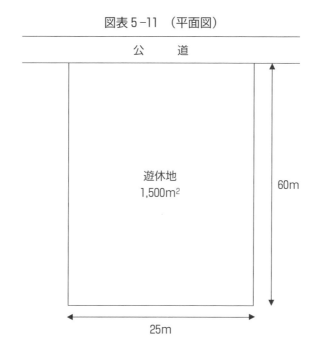

　郊外に居宅（二世帯住宅）と遊休地（1,500m²）を所有されていた人物からの相談事案です。子供が3人おり、長男には居宅の土地と建物を相続させるので、遊休地を活用したうえで他の2人の子供に相続させたいという相談を受けました。

　ところで、税理士とともに計画を検討する中で、将来的にまとまった相続税が発生する可能性が高かったため、万が一の場合は遊休地の一部は売却できるようにしておく必要がありました。そこで、当該地を活用するとともに、一部売却をできるような手法の検討を進めることとなりました。

◇具体的な対応

　2人の子供に土地を相続させるとともに、売却用の土地を確保するとすれば、少なくとも土地を三分割することが必要になります。この場合に一番安易な考え方は図表5-12のような分割です。しかしながら、このような分割をすると「将来的な売却予定地」の価値をかなり毀損してしまうことになりかねません。

　その理由の第一は、路地部分の奥行が長くなることです。子供AやBに相続させる土地の面積にもよりますが、この敷地ではたぶん30m前後からそれ以上の奥行になる可能性があります。

　第二は、これまでも述べてきたように路地状敷地においては建築の制限が厳しくなることもあるので、特に一定以上の面積になると土地活用の選択肢が制約を受ける可能性もあります。こうしたことから、このような分割は土地全体の価値を落としてしまうこともあります。

　そこで、土地分割について、図表5-13のような提案をしました。すなわち、敷地内に道路を入れ、土地全体で「道路に接する部分」を広げる手法を講じるようにしました。

　具体的には、計画地内に位置指定道路を敷設するという考え方です。もっ

図表 5 -12　（平面図）

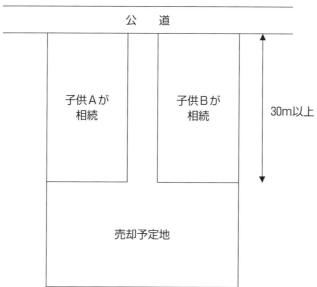

とも、道路敷設には費用もかかるので、土地を一部売却して道路設置費用を賄い、余った資金と借入れで土地の一部に賃貸住宅を建築する提案をした次第です。

　このような形で土地を分割することで、将来的な分割も行いやすくなり、また必要に応じて土地の一部処分も可能となります。道路敷設で費用がかかるのですが、長い目で見ると土地全体のポテンシャルを上げることができたのではないかと思います。

◇まとめ

　現実には行き止まり道路を作ることについては否定的な意見もありますし、自治体によってはこうした道路を作ることを認めない可能性もあります。そのため、こうした分割ができるか否かについては、予め行政に相談

図表 5-13 （平面図）

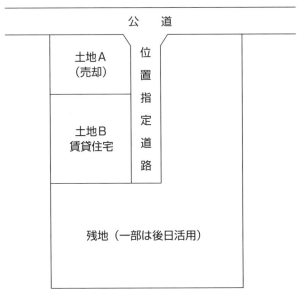

をすることも必要になるでしょう。

　なお、こうしたケースでは土地全体で開発の許可を得たうえで造成をする考え方が原則です。市区にもよりますが、概ね500〜1,000m²を超える区画形質の変更は開発行為とされることが多くなります。

　相談を受けた自治体では500m²以上の区画形質の変更は開発指導要綱の対象となったので、売却部分と賃貸住宅を建築する土地及び位置指定道路に供する土地の合計で500m²未満となるような形で計画を進めました（残地については、一定期間建築をしない旨の念書をいれることで、位置指定道路の敷設を認めてもらうことができました）。

　なお、位置指定道路を設置するときも、原則は通り抜けできる道路とすることです。設例のような「行き止まり道路」を設置することを認めない

行政もありますし、やむを得ず認めるときでも、道路の奥行が一定の長さになると車の回転広場を設けることをはじめ、様々な条件を付すことがあります。

4）「道路とは何か」が課題となったケース

> きれいに舗装されて多くの人が通行している通路が必ずしも建築基準法でいうところの道路ではありません。たとえば、その通路上に住宅などのメインエントランスが置かれていないときは、その通路が道路であるか否かを確認する必要があります（第4章2．2）関連）。

◇相談時の状況

　東西二方向の道路に接している土地（共有地）を2分割して共有者それぞれが住宅を建築する計画についての相談でした。

　相談の時点で、図表5-14に示すような形での分割をする方向で共有者間の話はまとまっていたのですが、「分割線も土地をちょうど半分にする形で問題がないか」という相談を受けたのですが、念のため現地を見に行っ

図表5-14　（平面図）

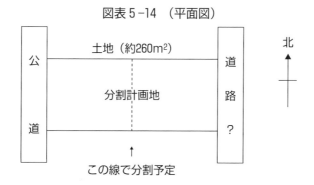

たところ、東側の「道路」を歩いていて違和感を覚えた[6]ため区役所で確認をしたところ、これは建築基準法上の道路ではなく、河川敷に過ぎないことがわかりました。

つまり、この土地を計画どおりに分割をすると、東側の土地は「道路に接していない土地」となるため、建築確認を受けることができなくなります。

◇具体的な対応

計画地は西側道路から接道をとるほかないため、図表 5 -15に示すように、東側の土地は西側道路から路地状敷地の形で接道させることとなります。結果として西側の土地も敷地形状は悪くなってしまいますが、最低限の設計もできることが確認されたため、双方に納得してもらったうえで分割線を決めました。

結果的には 2 つの土地とも建築計画上で制約が生じたため、この提案以

図表 5 -15 （平面図）

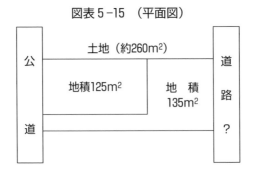

6　周辺を確認したところ、西側の道路と思われた方向には「勝手口」を設けている家はいくつか見られたものの、この方向から主たるエントランスをとっている家が 1 軒もなかったことから違和感を覚えた次第です。

外に、土地を売却して他に買い換えることを提案しましたが、共有者とも
思い入れのある土地であったことと、それぞれが納得できる住宅を建築す
ることができたので、この形での分割となりました。

◇まとめ：「接道」について理解することの必要性

　建築基準法では、建築をするときは2m以上の接道が求められていま
す。そのほか、建築する建物によっては接道要件も異なることがあります。
　以上を前提に、「接道」を考えるときに留意すべき点を述べます。
　第一は、「道路とは何か」という問題です。この点については第4章の
2．2）に細かく述べているので、詳しくはこの点を参考にしていただき
たいのですが、4）の事例は、まさにこの点が課題となったケースです。
道路のように見えるものでも道路でないことがあるのですが、この点につ
いては、最終的には所管の行政で確認をすることが必要ですが、一次的に
は周辺の住宅の建ち方（メインエントランスの状況等）から、ある程度判
断はできる事項です。
　第二は、「私道」を敷設するときの条件です。2）は、この点を確認し
なかったことによる失敗事例です。なお、法律や条例の定めも、時間が経
過すると変わるので、「あるときに確認をしたこと」が5年後、あるいは
10年後も可能であるという保証はありません。その意味では3）のように、
必要であれば早めに対応をする姿勢も重要ではないでしょうか。

5）容積率について（容積率の高い土地の評価）

　都市計画上の容積率が、その他の建築の制限の影響で十分に利用でき
ないことがあります。日影規制や北側斜線制限、その他の高さ制限等に
よる制約もありますが、この設例では日影規制の影響について述べます。

いずれにしても、「土地面積×都市計画上の容積率」で求めたものが、最有効利用の面積にはならないことがあることを理解しておく必要があります（第4章2．5）、7）、8）関連）。

◇相談時の状況

図表5-16　貸しビルの建っている土地（平面図）

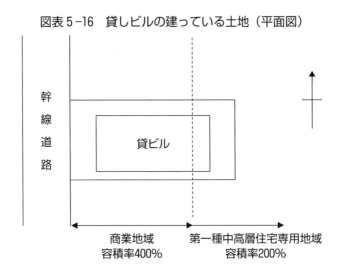

遺産分割に際して、「居宅とその敷地」、「賃貸住宅とその敷地」、「幹線道路沿いにある貸しビルとその敷地」及び「駐車場」を相続される人物からの相談です。相続人は2人ですが、4つの土地の中では、貸ビルの敷地は容積率も高く、賃料も高いことから、この土地建物を1人が相続して、他の不動産はもう1人が相続することを考えていましたが、貸ビルの築年数が経過しているため、近い将来の建替えも視野に入れた場合にこの考え方が妥当であるか否かについて意見を求められたケースです。

◇具体的な対応

相談者の取得予定地の用途地域は商業地域で、容積率は400％地区の西側は幹線道路に則した立地でしたが、商業地域は道路から30m まで（土地面積の75％相当）であり、残りは第一種中高層住宅専用地域（容積率200％、土地面積の25％相当）であり、日影の規制が厳しい地区となっていました。

ところで、１つの土地の中で容積率が分かれているときは、面積按分をして容積率の計算をすることになります。この事案では75％が容積率400％地区ですが25％は容積率200％地区であるため、加重平均をすると容積率は350％となります。しかしながら、北東方向の第一種中高層住宅専用地域の隣接地に対して日影制限がかかってくるため、どの程度の設計が可能かチェックをしたところ、250％程度までしか容積率を利用できないことが判明しました。

相談者は、容積率をフルに活かすことを前提にして採算計画を考えていましたし、その採算計画をベースにして土地の価値を評価していたため、当該地における具体的な建築企画を進め、採算性のチェックをされたうえで、当該地の評価について考えるようにアドバイスしました。

◇まとめ

土地のポテンシャルを考えるときは、容積率で判断をする人は少なくありませんが、容積率が高い土地でも、その他の都市計画上の制約で容積率をフルに活かせない場面もあります。この相談事例でも想定していたポテンシャルを３分の２強しか活かすことができなかった事例です。

なお、仮に接道方向が南側道路だったときは、更に制約が厳しくなっていた可能性もあります。

図表5-17 都市計画上の容積率に対して日影の制限が厳しく制約を受けた事例

前面道路	用途地域	都市計画上の基準容積率	ボリュームチェックによる容積率消化限度
南側道路	一種中高層	300%	145%
北西側道路	一種中高層	300%	174%

　高度利用が可能な土地においては、周辺の用途地域や土地の規模形状を総合的に勘案しないと最有効利用が可能か否かは判断ができないことも少なくありません（図表5-17）。

　また、容積率については前面道路の幅員による制約で都市計画上の容積率を活かすことができないことにも注意必要です。この件については、次の事例も参考にしてください。

　そのほか、建築については、第4章で述べたように様々な制約があるため、立地や土地形状及び計画する建物によっては、容積率をフルに活かすことができないこともあります。この点についても判断が微妙なときは、ボリュームチェックを行ったうえで判断をすることも視野に入れるべきでしょう。

　いずれにしても、単純に「土地面積○○m²、容積率○○％だから、この土地に△△△m²の建物が建つ」というような発想はしないように注意してください。

6）容積率について（接道による容積率の制約）

　容積率について考えるとき、5）で述べたこと以外に、前面道路の幅員による制約を受けることがあります。道路幅員が狭い立地の場合には、都市計画上の容積率が高くてもその容積率をフルに使うことができない

ことがあります（第4章2．5）関連）。

◇相談時の状況

　計画地は面積が約700m²、商業地域、容積率は400％で、北側にも住居系の用途地域がない立地だったため、本来であれば容積率をフルに活かすことが可能な立地です。ただし、前面道路の幅員が4mしかないため、容積率は240％しか消化できない状況でした。

　容積率は、都市計画上の容積率のほか、前面道路の幅員に一定の係数をかけて算定した容積率のいずれか低いほうを採用することとなっています。この係数は、住居系の用途地域の場合は0.4、非住居系の用途地域の場合は0.6となっているため、商業地域である本計画地では、道路の幅員から求めた容積率は、4×0.6＝2.4（240％）となってしまいます。

図表5-18　（平面図）

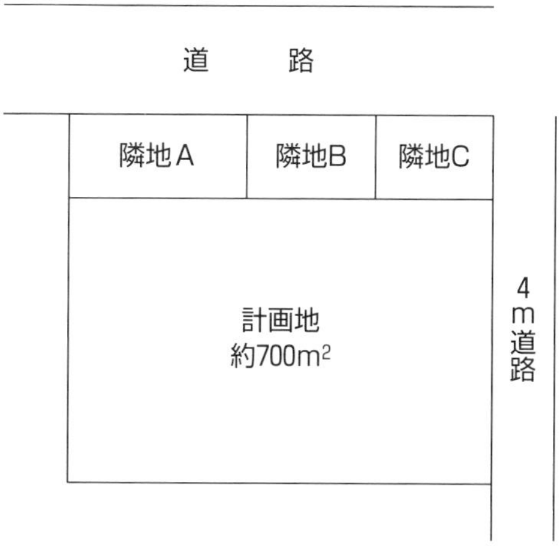

```
                    道    路
    ┌──────┬──────┬──────┐
    │ 隣地A │ 隣地B │ 隣地C │
    ├──────┴──────┴──────┤  ┐
    │                    │  4
    │     計画地          │  m
    │    約700m²          │  道
    │                    │  路
    └────────────────────┘  ┘
```

◇具体的な対応

　比較的地価の高い立地では、容積率をフルに活かすことが土地の最有効利用につながることから、都市計画上の容積率を十分に活用できない状態は結果として土地の価値を下げてしまうことになります。このケースでは大通りと接している隣接地と共同化することで土地のポテンシャルを最大限活用することが可能となるので、その旨の提案をしたところ、相談者が隣接地所有者に声をかけ、隣接地所有者も建物の老朽化等で建替えをしたいものの、費用負担も重いため悩んでいることがわかりました。

　結果として、相談者の土地と隣接地所有者（BとC）の土地を共同化したうえで、マンションデベロッパーにも事業者として入ってもらい、等価交換方式のマンションで事業化をすることとなりました。

図表5-19　（平面図）

◇まとめ

　事例のようなケースのほか、たとえば狭小地で有効活用が難しいときでも、複数の隣接地と共同化することで対応できるケースも少なくありません。もっとも、この場合には等価交換マンションや定期借地権マンション等、建物を高層化することで対応することが多くなります。

　ところで、隣接地と共同化する際のポイントは、土地所有者が隣接地所有者との間でコミュニケーションを図ることができる状態であることです。

参考1：狭小地を共同化して活用するケース

　マンション用地とするときは、小規模な土地を共同化することで付加価値を高めることが可能となることも少なくありません。

　特にポテンシャルの高い土地であれば、等価交換方式を採ることで、再建築後のマンションを再取得することが可能となることもあります。

　図表5-20は、単独ではあまり大きな土地とは言えないA・B・C・D・

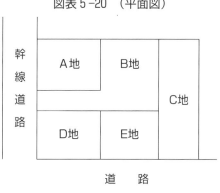

図表5-20　（平面図）

図表5-21 （平面図）

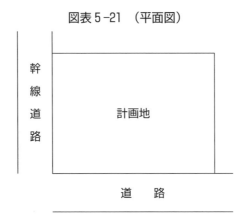

E地を一体化すると整形地で一定の面積のある土地となるため、マンション用地としては最適の土地となります。

　共同化は、こうしたときにも有効な手法ですが、設例のように分割を目的とするときに、土地のポテンシャルを最大化するような事案でも検討することが可能となります。

参考2：隣接地所有者で共同ビルを建築することの可否

◇状況

　高度利用が可能な商業立地で、隣接する複数の土地所有者が共同ビルを建築するときに、「テラスハウス」の形態で建物を建築することがあります。たとえば図表5-22では、隣接する甲地（A所有）、乙地（B所有）、丙地（C所有）、丁地（D所有）の4つの土地上にA・B・C・D4人が資金を出し合って共同ビルを建築した状態を示しています。

図表 5 -22　（平面図）

	共同建築物		
A区分所有	B区分所有	C区分所有	D区分所有
甲地	乙地	丙地	丁地
道　　　路			

◇この建物の課題

　建物の各住戸は、それぞれの土地上に建築されていますので、事実上はそれぞれの土地上にそれぞれの建物が建っているように見えます。しかしながら、現実には建物は「区分所有建物」となるので、建物の構造等の共用部分は区分所有者全員で管理する必要があります。

　たとえば、外壁の吹替えや屋根防水のやり直し等は、A・B・C・D全員の合意もしくは、A・B・C・D全員で区分所有者集会を開いて、集会の決議で進めることになります。

　これらのことは、言われれば理解できることなのですが、厄介なことは土地が共有地ではないことです。そのため、この共同ビルが老朽化等して将来的に建替えが必要となったときも、区分所有者であるA・B・C・D全員の同意がないと全体の建替えを進めることができません。

　第3章1．6）で紹介した等価交換マンション事業は、土地所有者は土地の持分の一部をデベロッパーに売却をして土地上に建築されたマンションの区分所有権の一部を再取得する仕組みであるのに対して、共同ビルは所有者それぞれが資金調達をして建物を建てる仕組みであるため土地の所有権はそのまま保持することが可能です。

　しかしながら、将来のことまで見据えると、前述のような留意点もあることに注意が必要です。

　そのほか、将来的に区分所有権や土地の権利を売却するような場面を考えても、通常のマンションの形態とは異なること等も問題であるように思われます。

　このようなことを考えると、この事案では、共同化による等価交換マンション事業の検討は1つの選択肢になるのではないでしょうか。もちろん、土地の所有権から敷地利用権付きの区分所有権となることについての心情的な抵抗感等を持つ人もいると思います。一方で、上述のような点のほか、町全体で考えても、小規模な土地が相続等により更に細分化されるようなことを考えると、大きな区画とすることには一定の意味もあると考えられるためです。

7）分割後の土地で容積率を活かすことの可否

　条例の制約により、建築計画によっては容積率をフルに活かすことが難しいこともあります。設例は、東京都内の土地の分割を考えるケースですが、分割後の土地で集合住宅を建築することを目的としたときの留意点について考えたときのものとなります（第4章2．11）関連）。

◇相談時の状況

　東京都内にある図表5-23のような敷地形状の土地（西側道路、地積400m²、一種低層、一種高度、容積率100％）を共有者と2分割したうえで賃貸住宅を建築する予定です。この場合、200m²の床面積の賃貸住宅を建築することができるでしょうか。

図表 5 -23　（平面図）

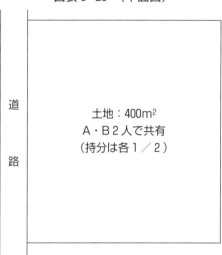

道　路

土地：400m²
A・B 2 人で共有
（持分は各 1 ／ 2 ）

◇具体的な対応

　この事案は、道路間口が広い土地なので、通常に土地を 2 分割することが可能ですので、路地状敷地の土地を作らざるを得ないケースと比較すると恵まれたケースとなります。ただし、分割後の土地は間口に対して奥行きが長い形状の土地となります。

　ところで、東京都建築安全条例では、集合住宅を建築するときは「二方向避難」を原則としています。具体的には「玄関方向」以外にもう 1 つ「避難通路」を確保することが求められています。このもう 1 つの避難通路を「窓先空地」と呼んでいますが、窓先空地は建築する建物の各階の床面積で求められる長さが異なります（第 4 章 2 ．11）参照）。

　加えて、東京都内の第一種高度地区は、北側斜線制限の制約も厳しくなっているので、相談されている土地では、北側斜線制限で北側の建築範囲が

図表5-24　（平面図）

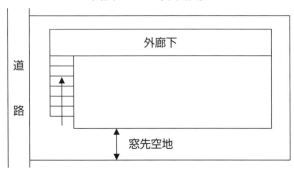

抑えられ、南側の窓先空地等も考えると、容積率をフル活用することができない可能性があります。

　これから集合住宅を計画するときには、オートロック等の検討も必要なので図のような考え方には問題があるかもしれませんが、建築を考えるうえで留意すべき点を確認する意味で図表5-24を参照ください。

　なお、窓先空地の考え方も「バルコニーの先端から」とするものや、「耐火構造の場合はバルコニーも含めてよい」とするものまで、所轄行政の指導も様々ですので、詳細は行政にヒアリングするか、地元の状況に詳しい専門家に相談すべきでしょう。

◇まとめ

　土地上の建物の用途によって、建築について制約を受けることがあります。この制約には、建築基準法や都市計画法によるもの以外に、これまでも述べてきたように「条例」による制約もあります。

　たとえば、賃貸住宅については、東京都や横浜市では上述のような窓先空地の制約がありますし、「一定の空地」を建物の周りに設けることを求める制約もあります。

また、建築協定により、用途や最低面積を決めていることもあります。

8）条例による最低面積の制約

　条例で土地の最低面積が定められていることがあります。分割する土地の面積によっては、最低面積の制限の有無も確認しておくことをお勧めします（第4章1．6）関連）。

◇相談時の状況

　180m²の土地（評価額5,400万円）と金融資産2,000万円を兄弟2人（AとB）で相続することとなりました。A・B両名とも、財産を共有で相続するのではなく現物分割をし、財産は極力均等に分割されることを希望されていました。

　図表5-25で示すように、相続財産は土地5,400万円と金融財産2,000万円を合わせて7,400万円ですから、A・Bが均等に相続をすると、それぞれ3,700万円の財産を相続することになります。2つの財産で評価が大きく異なるため、均等に相続をするときは、次のいずれかの考え方で対応する必要があります。

　ⅰ．土地を売却して換金したうえで、現金で分割する
　ⅱ．Aが土地を相続し、Bが現金を相続することとし、差額1,700万円をAからBに交付する
　ⅲ．土地を分割してAが土地を、Bが土地の一部と金融資産を相続する

　なお、Aは相続した土地上に自らの住まいを建築することを強く希望

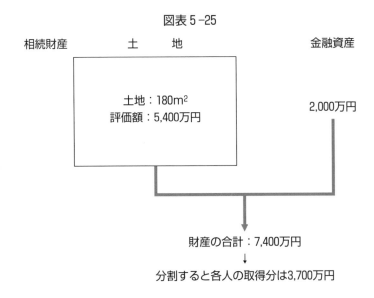

図表 5 -25

していましたが、Bは資金が必要な状況でした。

　上記の選択肢の中で、土地をすべて売却することになるⅰの選択は考慮の対象外でしたし、「代償分割」であるⅱについては、Aの側で差額である1,700万円相当の負担をできるだけの資力がなかったため、ⅲの手法で検討を進めることとなりました。

　ところで、Bはより多くの現金の取得を希望していたので、次のような分割を希望していました。

①　土地を123m²（評価3,690万円）と57m²（評価1,710万円）に分割したうえで、土地についてはAが123m²を、Bが57m²を相続する。

②　金融財産の2,000万円はAが10万円、Bが1,990万円を相続する方向で遺産分割をすることとしました（図表5 -26）。

図表 5 -26　当初の分割案

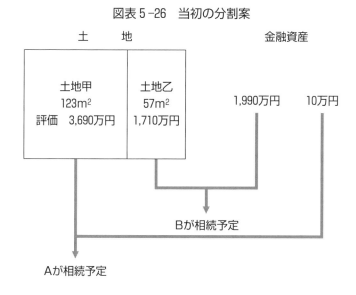

　しかしながら、念のため調べてみると、土地の所在する自治体では、条例により土地について最低面積の制限があり、このケースだと70m²以上の面積がないと建築確認を受けることができないことが判明しました。すなわち、この分割案ではBが相続により取得した土地の売却は困難となります。

◇**具体的な対応**

　最低面積にかかる条例が制定される以前に分筆されていた土地であれば問題はありませんが、条例の制定以降に分筆された土地では建築確認が受付されないとすると新規に建築をすることができなくなるため、土地の価値は著しく毀損されてしまいます。幸いにも、Aが希望する居宅について専門家により設計計画を立案したとこと、Aが相続する土地を110m²としても希望する建物を建築することができることがわかったので、Aが

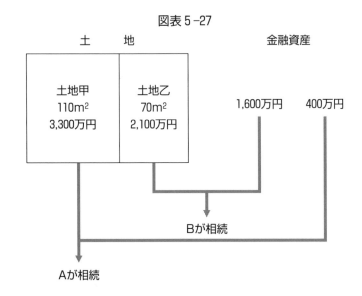

図表 5 -27

相続する土地甲は110m²、Bが相続する土地乙は70m²とし、金融資産の配分を変えることで遺産分割をすることとなりました。

　A・Bの関係も良好であったことも、円滑に分割ができることになった要因ですが、Aが早い段階から建築関係者に設計計画の相談をしていたことも、結果として有効な遺産分割ができた大きな要因と考えられます。

◇まとめ

　建物を建築するときは、建築基準法や都市計画法等の「公法」以外にも様々な制約を受けることがあります。具体的には、「条例」や「建築協定」などです。

　そして、条例では「土地の最低面積」についての制限を設けていることもあります。

　通常の不動産の売買の際には、建築や土地の利用に係る制約は、宅地建

物取引士により重要事項として説明することが法律で義務付けされています
ので、分割前に計画地について十分に理解している宅地建物取引士や建
築士に相談をすることで対応できる事項です。

　いずれにしても、土地を分割するときは、単に地形や道路づけだけでな
く、条例などにも留意しなければいけないという典型的な事例ではないか
と思います。

9）２つの土地の持分の交換事例

> 　土地の共有関係の解消をするときに、土地が複数あるようなときは「交
> 換」手法を利用することがあります。交換の手続きの概要を紹介します
> （第３章１．５）関連）。

◇相談時の状況

　20年ほど前に、相談者 A・B（兄弟）２人の亡父の財産を相続しました。
相続時点では、居宅の敷地となっている土地（甲土地。なお、居宅は築年
数が古く、ほとんど評価がないような状態でした）と駐車場となっている
土地（乙土地）に加えて、若干の金融資産があったそうです。ちなみに２
つの土地はほぼ同じ評価額でした。

　AとBは20年ほど前の相続の際に、遺産分割協議をした結果、２つの
土地を持分1/2ずつの共有で相続し、また金融財産も均等に相続をして今
日に至っています。ところで、甲土地上にはAが居住していて、乙土地
の駐車場収入を２人で折半していますが、A・Bともに70代後半になって
きたため、次の代への相続を考え、Aの居宅となっている土地はA、駐
車場はBの名義にしたいと考えています。

　この件について、A・B２人から、具体的なアドバイスを求められまし

図表 5 -28 相談時の状況

甲土地

持分 A1／2
B1／2

乙土地

持分 A1／2
B1／2

た。

◇具体的な対応

　結論から言うと、甲土地にかかる B の持ち分1/2と乙土地にかかる A 遺産の持ち分1/2を等価交換することとしました（図表 5 -30）。

　なお、この場合、等価交換をする旨の契約をしたとしても、税務上は A が B から甲土地の持ち分1/2を購入し、B が乙土地の持ち分1/2を売買したものとみなされます。すなわち、土地共有持ち分を売却するということは、売却で得た利益（譲渡益）に対して、税金（譲渡所得税・住民税）が課されることになります。

　しかしながら、実際に交換するものが同種の資産（土地と土地、あるいは建物と建物）であり、交換する資産の評価が等価である（交換する資産

図表 5 -29

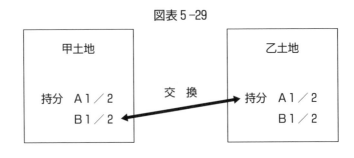

甲土地

持分 A1／2
B1／2

交　換

乙土地

持分 A1／2
B1／2

図表 5 -30

　の差額が20％以内であること）等一定の要件を満たすときは、譲渡した年の翌年の確定申告の時期に「固定資産の交換の特例」の適用を受ける旨の申告をすれば、課税が繰り延べられるので、結果として譲渡税は課されません。

　交換の結果は、図表 5 -30に示すように甲土地は A の所有となり、乙土地は B の所有となります。

　ところで、設例のような兄弟等の特殊利害関係者間での交換の場合は、単に当事者が等価だと考えるだけでなく、実際に等価であることが立証できないと交換が否認される可能性があります。そのため、必要に応じて税理士等のアドバイスを求めることをお勧めします。

　なお、交換の特例を利用しないと、この取引は甲土地についての B の持分を A に売却する契約と、乙土地に関する A の持分を B に売却する契約をしたことになるので、それぞれ売却によって得た利益に対して譲渡所得税・住民税が発生します。しかしながら、固定資産の交換の特例の申告をすることで、譲渡所得税・住民税は繰り延べられることになります。

　もっとも、固定資産の交換の特例の適用があったときでも、A・B それぞれが土地の共有持分を取得することになるため、不動産取得税や登録免許税の課税を免れることはできません[7]。

◇まとめ

　設例のように、2つの土地があり相続人も2人いるようなケースでは、本来は遺産分割の際に別々に相続をしていれば、その後の交換の手間もなく、また交換による不動産取得税や登録免許税の支払いの必要はなかったはずです。もっとも、特に相続税がかかるようなときには、相続税の申告期間（相続発生から10月以内）の関係もあり、大急ぎで遺産分割協議をまとめることで、設例のような相続をしている事案は少なくありません。

　もちろん、この2つの土地に明らかな価格差があるのであれば共有とするのもやむを得なかったと考えることができますが、この事例では双方に大きな評価上の違いもなかったことから、遺産分割前に十分に話合いをすれば、事後にこのような手続きをする必要もなかったはずです。結果として分割に余計な手間もかかりましたし、交換によりかなりの経費も発生しました。

　なお、相続人が2人とも仕事や家事等で忙しいときは、遺産分割のことで十分な話合いをすることもできない可能性もあります。そうだとすれば、あらかじめ遺産分割も含めた話合いをしておく、あるいは相続発生時点で専門家に相談をしておくべきでしょう。

参考：土地持分を生前贈与する際の留意点

　相続税対策を兼ねて、相続人に土地持分の一部を少しずつ贈与する人がいます。贈与税の基礎控除の範囲あるいは、比較的低い贈与税の範囲で持分を相続人に移転することで相続財産を減らすことができるためです。

7　不動産取得税については、土地を取得後一定期間内に特例適用対象住宅を建築すると、一定面積までは土地にかかる不動産取得税の課税が発生しないこともあります。この件も詳細は、税理士等にご確認ください。

図表5-31

甲土地	
父	434／500
A	33／500
B	33／500

乙土地	
父	434／500
A	33／500
B	33／500

図表5-32

甲土地	
父	434／500
A	66／500

乙土地	
父	434／500
B	66／500

　ところで、9）のように土地が複数あり、また子供も複数いるようなときにそれぞれの土地の持分を少しずつ複数の子供に贈与している事案をみることが少なくありません。たとえば甲・乙それぞれの土地の評価額が5,000万円だとしたときに、ある年は甲土地の持分11/500（評価額110万円相当。贈与税の基礎控除の上限額）をA・Bそれぞれに贈与し、翌年は乙土地の持分11/500をA・Bに贈与するような対応を繰り返すことがあります。仮に、相続発生までに甲乙それぞれの土地に、AとBが3回ずつ持分11/500の贈与を受けていたとすると、相続発生時点における土地持分は図表5-31のようになります。

　しかしながら、このような場合に土地持分の生前贈与をするとすれば、図表5-32のように甲土地はAに、乙土地はBに対して持分贈与をすべきではないでしょうか。2つの土地を別々に相続するのであれば、あえて両

方の土地にそれぞれの持分を残す意味はないためです。

10）2つの土地を3人が均等に共有していたケース

> 土地の面積によっては、持分の交換をして集約化したうえで、共有物分割をするような手続きも考えられます（第3章1．5）関連）。

◇相談時の状況

　兄弟3人が、相続により甲（約165m²）、乙（約330m²）の2つの土地を持分1/3ずつで共有していたのですが、3人の中の1人（A）が住宅を建築することを希望したため、権利関係の整理をすることとなり、具体的な手続きについて相談を受けました。

図表5-33

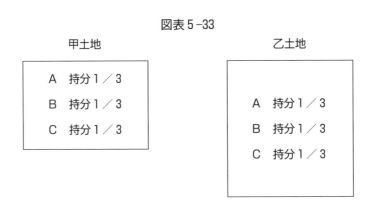

甲土地

A	持分	1／3
B	持分	1／3
C	持分	1／3

乙土地

A	持分	1／3
B	持分	1／3
C	持分	1／3

　当事者間で協議の結果、甲土地にAが自宅を建築することとし、乙土地はB及びCが取得後に共有物分割をすることとしました。2つの土地の坪当たり単価はほぼ同じであったため次のような対応をしました。

① 乙土地のAの持分1/6と甲土地のBの持ち分1/3及び乙土地のAの持ち分1/6とCの持ち分1/3を交換する。
② 交換の結果乙土地はBとCが各1/2を有することになるが、その後にBとCで共有物分割をする。

図表 5 -34

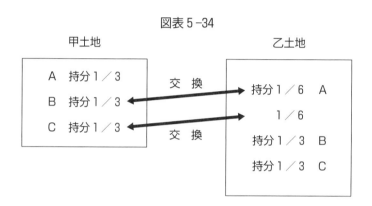

　固定資産の交換により、このような形での交換も可能です。なお、交換後 1 年以内に売却するときは、交換が否認されるので注意が必要です。

図表 5 -35

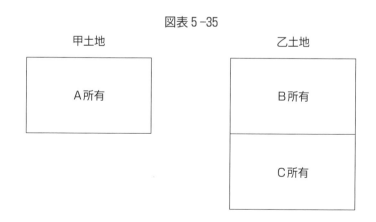

◇まとめ

　価格に大きな差がなければ、固定資産の交換で対応できることは多いのですが、等価交換が成立すれば譲渡所得税の課税は繰り延べられる一方、交換する土地の評価が高くなると不動産取得税や登録免許税の負担が重くなります。現実にその負担がネックとなり交換が成立しなかったケースもあります。

　たとえばこの事例でも、甲土地の固定資産税評価額が3億円、乙土地の固定資産税評価額が6億円だったとすると、それぞれが交換により2億円相当の評価の土地を取得したことになります。不動産取得税は評価額の4％（なお、宅地については課税標準が1/2となります。令和9年3月31日取得まで軽減税率により3％となります）、登録免許税が2％ですから評価額2億円相当を取得したときは不動産取得税と登録免許税だけで700万円ほどの負担が発生することになります。

11）借地権と底地の交換事例

　　借地権と底地の交換も、土地の分割の類型の1つです。そのため、交換する土地の評価や、交換後の土地の利用の考え方等、これまで述べてきたことに留意しながら分割の計画を進めることになります。
　　設例は、東京都内の土地を分割する際に位置指定道路を設置することでそれぞれのニーズを満たした事例となります（第4章3．5）関連）。

◇相談時の状況

　東京都内で400m²の土地を借地していた人物からの相談です。借地上で居宅と賃貸住宅を所有されていましたが、借地上の建物が老朽化したため、

図表 5 -36　（平面図）

建替えを検討していたところ、地主から「借地権と底地の交換をしないか」という申し出がありました。

　交換により面積が狭くなっても所有権を取得することはメリットであることを理解したものの、具体的な手続き等について不安を感じられたことから手続きについて相談を受けることとなりました。なお、借地人は交換取得した土地上で、賃貸併用住宅を建築することを希望していました。

　なお、敷地形状は間口に対して奥行きが長い形状の土地でした。

◇具体的な対応

　そもそもこうした土地形状ですと、どうしても「道路側の土地」と「路地奥の土地」という形での分割を考えざるを得なくなります。そして、路地奥となる土地は道路側の土地よりも評価が安くなるので、敷地面積を大きくする対応をすることが一般的です。

　ところで、相談者は、居宅及び賃貸住宅の建替えを希望されていました。そのため、仮に交換により計画地が狭くなったとしても、賃貸併用住宅を建てたいと考えていたのですが、これまでも述べてきたように、東京都内では路地奥に長屋は建築できますが共同住宅を建築するときは一定の制約

があります。

　そのため、相談者には「面積は狭くなっても道路側の土地を取得する」
ことをお勧めしました。地主は将来、相続税が発生したときに土地を売却
して納税をすることを視野に入れていたため、「売りやすい土地」を確保
しておきたいという考え方を持っており、同じく「土地は狭くなっても道
路側の土地を取得したい」と考えていました。

　以上の理由から、相談者の選択肢は次のいずれかになると考えました。

> Ａ案：借地権と底地の交換を断り、借地権のまま建替えを進める。
> Ｂ案：交換取得したあとに希望する賃貸併用住宅を建築できる手法を
> 　　　模索する。

　このうちＡ案を選択したときは、地主からの申し出を断ることになる
ため、場合によっては地主との今後の人間関係に支障がでることも考えら
れます。借地権は地主との人間関係も重要な要素となるので、このことは
考慮すべき問題です。また、借地上に建物を建築する場合、融資を受ける
ときにも制約を受けることもあります。ことにアパートローンについての
ハードルは高くなる可能性があります。

　以上から、Ｂ案で対応することがベターであると考え、図表5-37のよ
うな提案をしました。

　すなわち、敷地内に位置指定道路を入れれば、奥の土地も「接道してい
る土地」となるので、使い勝手が良くなります。加えてこの手法を採用す
ると、地主が取得する土地も「二方向道路」に接した土地となるため、多
少なりとも評価が上がることも期待できます。

　結果として、地主側が道路の敷設まで行うことで話がつき、交換が成立

図表 5 -37　（平面図）

しました。

◇まとめ

　このケースも、「建築」と「不動産実務」の観点から考えて分割が成功した事例です。もちろん、この２つの考え方ですべての分割に対応できるわけではありませんが、有効に活用できる場面も少なくありません。

12）等価交換マンション事業で共有物分割をしたケース

> 　高度利用が可能な場所で一定規模以上の土地を有するときに、土地を細分化すると土地の価値を毀損してしまうこともあります。このようなときには、「等価交換マンション」事業により、区分所有権と敷地利用権の形で分割をすることが最良の選択肢となることもあります（第３章１．６）関連）。

◇相談時の状況

　利便性が高い場所で600m²の土地を兄弟３人（A・B・C）で共有してい

図表5-38　（平面図）

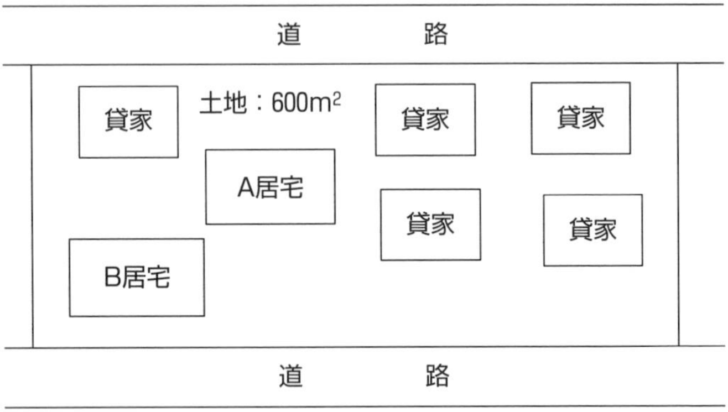

```
道　　　路

貸家　　土地：600m²　　貸家　　　　貸家

　　　A居宅　　　　貸家

B居宅　　　　　　　　　　貸家

道　　　路
```

たケースです。もともとは兄弟3人は相続の際に共有する形で遺産分割を行っていたようです。

　なお、土地上には共有者のうちAとBの居宅と貸家が数棟建っていました。貸家からの賃料収入は兄弟3人で均等に分けていたようですが、一方で建物の老朽化がかなり進んでいて、稼働率も落ちていたようですし、今後の土地の活用手法についても悩んでいたようです。

　ところで、相談時にはA・B・Cは70代後半から80代であるため、次の代への相続を考えると、早いうちに共有物分割を検討することが必要であることはもとより、共有物分割をする際には、次の代への相続も視野にいれておく必要がありました。因みに、Aには子供が3人、Bには2人いましたが、Cは子供がなく居宅も別の場所にある状況でした。

◇**具体的な提案**

　土地上の賃貸住宅は老朽化が進んでいて、近い将来、建替えも必要な状態でしたから、賃貸住宅は解体をしたうえで次の活用をすることを考えましたが、一方でA・Bの居宅は残して分割する前提で分割方法の検討をい

図表 5-39　（平面図）

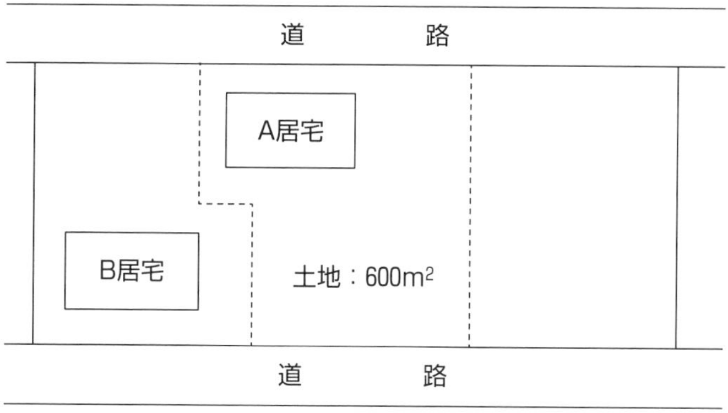

たしました。

　もっとも既存建物を残して土地を分割するときは、残る建物が法的に問題ないような形で分割をすべきです。検討の結果、それぞれの居宅を残して分割をすることは可能ではあるものの、既存建物の配置により制約を受けることになります（図表5-39）。

　次に、それぞれの居宅を残すことはあきらめて分割線を引けば、きれいな形で土地を3分の1に分割することができるのですが、問題はAの将来的な相続の際の分割です。結果としてかなりの細分化をせざるを得ない状態となります（図表5-40）。

　すなわち、将来的な相続の際の分割を考えると、AとBは、土地の活用を考えるうえでも制約を受けることになります。一方で子供がいないCには将来的な遺産分割の問題はないのでフリーハンドで土地活用ができるようにも見えますが、逆に子供がいないため、借入金でアパートを建築することも困難でした。債務を承継する人物がいて、本人の健康にも問題がなければ70代くらいの人物でもアパートローンを借り入れることは可能ですが、子供がいないときは団体信用生命保険の付保ができる上限の年齢に

図表5-40　（平面図）

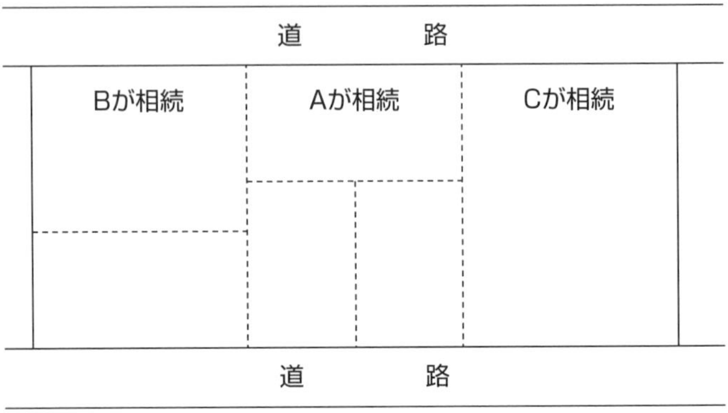

```
                    道        路
┌─────────┬─────────┬─────────┬──┐
│ Bが相続  │ Aが相続  │ Cが相続  │  │
│         │         │         │  │
│         │ ┌───────┤         │  │
│         ┆ ┆       ┆         │  │
│ ┄┄┄┄┄┄┄ ┆       ┆         │  │
│         │         │         │  │
└─────────┴─────────┴─────────┴──┘
                    道        路
```

　よる制約を受けることがその理由となります。すなわち、仮に団体信用生命保険は75歳までしか対応できないとすると、債務承継者のいない70歳の人物が借入れをするときは5年返済までの借入れしかできませんし、75歳を超えていると借入れそのものができなくなります。

　以上の検討の結果、このケースはむしろ「マンション化」することが最良の選択肢であるとなり、等価交換手法を使ったマンション建築をすることとなりました。結果として、それぞれ複数の住戸を取得することができたので、次の代への遺産承継も円滑にできることとなりましたし、本人の居住住戸以外は第三者に貸して賃料収入を得ることも可能となりました。

◇まとめ

　土地の分割に際しては、次の世代への承継や、分割後の土地の活用の視点も踏まえて検討をすることが必要となります。

　なお、分割後の土地の活用を進めるときは資金計画の検討も不可欠です。仮に活用に際して借入金を投下するような場面においては、活用による収益性や担保価値のほか、そもそも土地所有者の属人的な状況によっても制

約を受けることがあります。最近は、子供がいない人も増えていますが、このことが借入れをする上での制約となることも少なくないことに注意が必要でしょう。

13）等価交換マンションで共有物分割をした他のケース

◇相談時の状況

　都心に隣接する地区の商業地域で、容積率が400％だった場所で450m²の土地に借地権が設定されていたケースです。

　問題は、借地権者は1名でしたが、地主が相続により7名となっていたことでした。

　借地人は地代の負担が重く、一方で、入った地代収入を7分割しなければならなかった地主側は、それぞれの収益性が低く、かつ処分性も低い財産であるため双方にとって頭の痛い問題だったようです。

図表 5-41　（平面図）

借地権が設定された土地
450m²

道路

◇この問題への対応

　この問題を解決する手法としては、次のような考え方があります。

ⅰ．地主が借地権を買い取る

ⅱ．借地人が底地を買い取る

ⅲ．借地権と底地の交換をする

ⅳ．地主と借地人が共同売却をする

ⅴ．等価交換マンションで対応する

　なお、借地人は当該地に居住することを希望されていたほか、地主の一部は底地を売却したいと考えていたものの、一部は何らかの形で権利を所有していたいと考えていました。

　そのため、借地権をすべて売却することになるⅰやⅳは検討の対象外でしたし、地主の一部は売却の意向を持っていることに加えて、地価が高い場所であるため地主による借地権の購入も困難でしたから、地主の立場からみてもⅰは検討の対象外でした。

　次に、借地人にも底地を買い取る資力がなかったためⅱも対象外となります。

　そうなると、ⅲかⅴが検討の選択肢となるのですが、ⅲは交換後の土地形状から考えると仮に、借地人が路地奥の土地を取得し、地主が道路側の土地を取得すると図表5-42のようなイメージとなります。この場合、借地人が奥の土地を250m²取得すると、地主は手前の土地を200m²取得することになりますが、7人で共有するため、1人当たりの共有持分は30m²にも満たないことになります。

　土地のポテンシャルが高い土地であることを考えると、土地の細分化は土地の価値を毀損することになりかねないことから、むしろ等価交換マンション事業で対応することがベターであると判断した次第です。

　もっとも、地主の権利は「底地」の評価相当で、それを7人で共有して

図表 5 -42　（平面図）

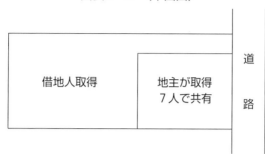

いるため、各自の権利評価はそれほど高くはなりません。そのため、地主
の側がマンションを再取得しようとすると、ある程度まとまった追加金を
支払う必要が生じます。

　そのため、地主 7 人の中でマンションを再取得したのは 1 人だけで他の
6 人は権利を売却することとなりました。

◇まとめ

　11）のように複数の共有関係を解消するだけでなく、借地・底地関係を
整理する場面でも等価交換手法は有効な選択肢となります。

著者プロフィール

大木 祐悟（おおき　ゆうご）

一般社団法人不動産総合戦略協会理事長、旭化成不動産レジデンスマンション建替え研究所特任研究員

1983年旭化成工業株式会社入社。同社にて1993年より不動産コンサルティング実務に従事。専門はマンション再生、マンション標準管理規約、マンション防災、借地借家法、都市農地問題等。マンション管理士、再開発プランナー、宅地建物取引士。

著書に「定期借地権活用のすすめ」「マンション再生」「逐条詳解マンション標準管理規約」（以上、プログレス刊）、「マンション建替えの法と実務」（共著、有斐閣刊）「最強マンション購入術」「災害が来た！どうするマンション」（以上、ロギカ書房）ほかがある。

小林 佳苗（こばやし　かなえ）

司法書士、一級建築士、宅地建物取引士

建築設計監理、不動産開発、信託銀行での不動産アドバイザリー業務等を経て、現在は司法書士法人代表。不動産／金融を専門分野とする他、NPO法人等で相続・不動産分野の相談員も務める。

建築の視点で見る
相続と土地の分割・活用

発 行 日　2024 年 7 月 20 日

著　　　者　大木 祐悟・小林 佳苗

発 行 者　橋詰 守

発 行 所　株式会社 ロギカ書房
　　　　　　〒 101-0062
　　　　　　東京都千代田区神田駿河台 3 - 1 - 9
　　　　　　日光ビル 5 階 B- 2 号室
　　　　　　Tel 03（5244）5143
　　　　　　Fax 03（5244）5144
　　　　　　http://logicashobo.co.jp/

印刷・製本　亜細亜印刷株式会社

災害が来た！

どうするマンション

（編著）
大木祐悟（旭化成不動産レジデンスマンション建替え研究所）
伊藤朋子（認定 NPO 法人かながわ３１１ネットワーク代表理事）
A5 判・216 頁・並製
定価：2,200 円（税込）

電気・ガス・水道、ゴミ・排泄物、病人、備蓄、情報・避難、防災組織・防災
マニュアル、建替え・・・。
本書は、マンション災害の特徴を知り、準備、そして被災から復
興への道筋を検討する。

巨大地震を
生きのびる

次の関東地震、南海地震に
備える〝抗震力〟

子から孫、さらにひ孫へと語りつぐことに
より、 地震に対して成熟し、地震に強い
社会が形成されていく

神沼 克伊
国立極地研究所 名誉教授
四六判・252頁・並製
定価：2,420円（税込）